传统文化视域下的

文创产品

设计与开发创新研究

黄　敏◎著

九州出版社
JIUZHOUPRESS

图书在版编目（CIP）数据

传统文化视域下的文创产品设计与开发创新研究 /
黄敏著 . -- 北京：九州出版社，2023.10
　　ISBN 978-7-5225-2281-4

　　Ⅰ . ①传… Ⅱ . ①黄… Ⅲ . ①文化产品—产品设计—
研究—中国 Ⅳ . ① G124

中国国家版本馆 CIP 数据核字（2023）第 195441 号

传统文化视域下的文创产品设计与开发创新研究

作　　者　黄　敏著
责任编辑　周红斌
出版发行　九州出版社
地　　址　北京市西城区阜外大街甲 35 号（100037）
发行电话　（010）68992190/3/5/6
网　　址　www.jiuzhoupress.com
印　　刷　北京亚吉飞数码科技有限公司
开　　本　710 毫米 × 1000 毫米　16 开
印　　张　15
字　　数　238 千字
版　　次　2024 年 4 月第 1 版
印　　次　2024 年 4 月第 1 次印刷
书　　号　ISBN 978-7-5225-2281-4
定　　价　88.00 元

一 前 言 一

　　进入21世纪以后，随着全球经济的转型升级，技术的突飞猛进，我们迎来了网络时代，许多产业都开始迅猛发展。高技术、高层次的人力资本、互联网、智能移动终端以及相应的新兴业态相结合，使得许多产业的面貌日新月异，在技术应用与传播渠道方面更多元化。

　　然而，在激烈的全球化市场竞争当中，大多数产品的传统文化识别性正慢慢消失，不同国家的产品设计师和企业都在积极探索自己产品的发展方向。近几年，我国的文化创意与设计服务等相关行业正处于积极发展的状态，同样存在着创意表达不充分、文化设计经验短缺、广袤的文化资源没有被大众挖掘，以及文化附加效益得不到充分体现、文化产业产值上升空间提升乏力等一系列问题。例如，大多数产品对于传统文化元素的应用比较肤浅，传统符号大多被粗暴地"移植"，设计师在优化产品的时候缺乏深入的思考，产品设计的目的只是为了吸引大众的眼球，而不是去关注内容创新。此外，在整个创作的过程中，基本是凭借设计师自身能力和经验去完成，其创新方法和程式相对零散和扁平。

　　为了解决上述问题，著者在对中国传统文化和文创产品创新研究进行思考与探索的基础上，撰写了本书。本书提出一个新思路，即将优秀的传统文化融入文创产品的创新研究中。优秀的中国传统文化是创作的无限源泉，中国传统文化经历五千多年的发展，有着独特的内涵和审美情趣，将这份独特运用到现代文创设计中，有利于实现传统文化的传承与创新。设计师要善于研究中国传统文化，提取其中的文化要素，将它运用在文创产品的装饰设计、造型设计以及意蕴设计中，达到传统文化与现代设计完美融合，创造出有中国味道的文化产品，促进文创产业的发展。此外，设计师还要善于探索和发现，从多角度、多思维地建立设计构思，做到设计作品的独一无二，将民族文化的传统要素进行传承与创新。

全书分为七个章节。第一章是传统文化与文创产品的概述部分，分别对传统文化的现代意义、传统文化与现代设计、传统文化的传承与国潮的兴起、初识文化创意产品作出了详细的论述。第二章从外国和中国两个方面阐述了文创产品设计的发展现状，并对文创产品设计的未来进行展望。此外，书中还提出了文创产品产业化的发展策略。第三章探讨了文创产品创新元素的开发与设计，包括字体的设计、色彩的应用、图像元素的提取以及造型与材质的开发。第四章内容是文创产品设计中的文化转译。第五章围绕中国传统文化在文创产品设计中的融入与再生展开，首先阐述了中国传统文化融入文创产品设计中的重要性，之后依次论述了传统元素、传统美学思想和传统手工艺等在文创产品设计中的融入情况。第六章的内容是文化视域下的文创产品的设计赋能。最后一章详细阐述了数字化时代文创产品的传播与推广。本书所提出的方法，为现代设计和基于传统文化的传统设计提供了新的思路和方法路径，对相关的设计研究进行了补充，系统地展望了中国传统文化在现代设计中的发展态势。

本书在中国传统文化与文创产品创新研究方面具有探索意义和实践价值，在撰写的过程中参考和借鉴了大量的相关理论著作，虽然力求理论清晰、观点创新，但由于本人水平有限，在撰写时难免会出现问题和不足之处，恳请广大读者批评指正。

一目录一

第一章 传统文化与文创产品概述

传统文化与文创产品在当代社会交融共生,形成了独特的文化产业生态。传统文化作为根植于历史沉淀的文明底蕴,为文创产品提供了丰富的创作灵感。文创产品则以创新手法将传统元素融入设计、艺术和科技之中,呈现出独具魅力的新面貌。这种结合既是对传统文化的传承,也是对当代审美和需求的回应。通过文创产品,传统文化得以活化,为现代社会注入了更多的文化底蕴与品位。这一融合不仅促进了文化的多元发展,也为消费者提供了更丰富深刻的文化体验。

第一节 传统文化的现代意义

一、中国传统文化的概念

中国传统文化是一个非常丰富、多样和复杂的概念,涵盖了许多不同的方面,包括哲学、文学、音乐、舞蹈、建筑、服饰、礼仪、信仰、传统医学等。在中国这样一个拥有五千多年文明史的国家，传统文化是中国人民的精神家园和文化根基，它在历史的长河中一直扮演着至关重要的角色。

中国传统文化的基础是中国古代哲学思想，包括儒家、道家、墨家、法家等各种流派。儒家思想是中国传统文化的主流，强调仁爱、礼义、忠诚、孝道等价值观念，它影响了中国人的行为方式和社会道德规范。道家思想则强调自然和谐、无为而治、追求长生不老等理念，它对文学、艺术等方面的发展也产生了深远的影响。

中国传统文化的一个重要组成部分是文学艺术。中国古代文学包括诗歌、散文、小说等多种体裁，其中最著名的是唐诗宋词。

中国古代艺术包括绘画、书法、雕塑、剪纸等多种形式，其中最有名的是中国画和中国书法。这些艺术作品不仅具有极高的艺术价值，还承载了中国人的情感、思想和价值观，成为中国文化的重要组成部分。中国传统艺术还包括音乐、舞蹈、戏曲等方面。中国古代音乐有着悠久的历史。中国传统舞蹈则具有丰富多彩的形式，如古典舞、民间舞和少数民族舞。中国传统戏曲是中国文化的重要表现形式，有京剧、豫剧、粤剧等多种流派，它们具有独特的表演艺术风格和文化内涵，是中国传统文化的重要组成部分。

中国传统文化还包括建筑、服饰、礼仪等方面。中国传统建筑以其独特的风格和造型而闻名于世界，如故宫、长城、天坛等著名建筑。中国传统服饰具有华丽、优美、富有特色的风格，如汉服、唐装、旗袍等。中国传统礼仪则是中华民族的重要文化遗产，它体现了中华民族的优秀传统和文化礼仪，如婚礼、葬礼等。

中国传统文化的价值观念和思想对中国人民的行为方式和社会道德规范产生了深远的影响。中国传统文化强调仁爱、和谐、忠诚、孝道等价值观念，这些价值观念被广泛传承和发扬，成为中华民族的精神财富。传统文化还强调个人与社会的和谐，注重人与自然的和谐，这些思想在中国人的日常生活中得到了广泛应用。

中国传统文化还具有民族认同的凝聚力。中国传统文化是中华民族的文化根基和精神家园，它不仅是中华民族的重要历史遗产，也体现着中华民族的文化自信和自豪。中国传统文化在中华民族的历史中形成了独特的文化传统和精神文化，激励着中华民族不断前行。

我们今天讨论的中国传统文化并不是对中国古代传统文化特定内容的详细解释，而是基于其本质的经典总结。需要注意的是，中国传统文化既有精华，也有糟粕。我们的目标是仔细研究中国传统文化的本质，找到克服和消除糟粕的方法。

总的来说，中国传统文化是一个非常重要的话题，它具有非常丰富的内涵和精神，是中华民族的精神家园和文化根基。中国传统文化在历史的长河中扮演着至关重要的角色，它对中国人民的生活方式、价值观念和社会道德规范产生了深远的影响。在当前全球化的背景下，传统文化的保护和传承显得愈发重要。我们应该在继承传统文化的同时，加强传统文化的创新和发展，让传统文化在新时代焕发出新的光彩。

二、中国传统文化对世界的意义

中国传统文化，凝聚着几千年的历史积淀，对世界具有深远的意义。首先，中国哲学思想，如儒家、道家、墨家等，为人类提供了丰富的智慧和价值观。儒家的仁爱、孝道，道家的无为而治、自然和谐，都为构建人类和谐社会提供了理念。

其次，中国传统艺术，如绘画、诗词、音乐等，以其独特的审美观念和表现形式，深刻地影响了世界艺术的发展。中国的书法艺术更是被誉为东方艺术的瑰宝，展示了文字之美与意境的融合。

此外，中国的传统医学、农耕文化等领域，也为全球社会提供了宝贵的经验。中医的理论体系、针灸疗法等被广泛应用，对全球健康事业产生积极影响，而农耕文化则教导人们尊重自然、谨慎对待资源，提供了可持续发展的智慧。

最后，中国的孔子学院和汉语教学在世界各地蓬勃发展，促进了中外文化交流。通过汉语学习，国际友人更好地了解中国的价值观、传统习俗和思维方式，增进了不同文明之间的理解与尊重。

三、中国传统文化的现代化转变

中国传统文化在现代社会中经历了深刻的转变，传统与现代在交融中创造了丰富多彩的文化画卷。这一转变体现在多个层面，包括价值观、艺术形式、社会制度等方面。

首先，价值观的现代化演进是中国传统文化的显著特征。传统儒家思想的仁爱、孝道等核心价值在现代社会中仍具有深刻的影响力，但同时也融入了更多现代理念，如平等、个人尊严等。这种融合在塑造社会公德心、推动社会和谐方面发挥了积极作用。

其次，艺术形式的现代化呈现出多样性。中国传统绘画、音乐等艺术形式在现代得到创新和拓展，传统元素与现代审美相融合，产生了新的艺术表现方式。当代艺术家通过传统材料和技艺，创造出具有独特魅力的当代艺术作品，展示了传统文化在现代的生命力。

最后，在社会制度方面，中国传统文化也在现代社会中经历着深刻的变革。传统的封建礼教逐渐被现代法治观念所替代，社会结构发生巨大变化，尊重个体权利和平等的价值观逐渐深入人心，推动着社会制度向更加开放、包容的方向发展。

值得注意的是，这一现代化转变并非简单地摒弃传统，而是在传统文化的基础上进行创新和发展。传统文化的价值观和智慧为现代社会提供了丰富的精神资源，通过融合传统与现代，形成了更具包容性和前瞻性的文化体系。

总体而言，中国传统文化的现代化转变是一个不断演变、适应时代发展的过程。这一过程中，传统文化的精华得以传承，同时也为现代社会注入了新的文化动力，推动了中国文化在世界舞台上的更为积极的表现。这一转变为中华民族在现代文明的大潮中找到了一条既能传承传统文化精髓又能适应时代要求的发展之路。

第二节　中国传统文化与现代设计

一、中国传统文化元素与现代设计的关系

中国传统文化元素在现代设计中扮演着重要而独特的角色，通过融合传统与现代，设计师们创造出富有创意和独特韵味的作品。这一关系不仅体现了对传统文化的尊重与传承，也展示了设计的时代性和创新性。

首先，传统文化元素为现代设计提供了源源不断的灵感。中国的传统绘画、传统建筑、传统手工艺等元素，都是设计师不断汲取灵感的宝库。例如，传统的中国画意境和笔墨之美在现代平面设计中得到了巧妙运用，为设计作品注入了深厚的文化内涵。

其次，传统文化元素在现代设计中被赋予新的表达方式。设计师通过创新的手法，将传统元素赋予现代设计新的符号和象征意义。传统的纹样、图案、色彩等被巧妙地融入到现代时尚、产品设计中，使作品既具有独特的中国文化氛围，又具备现代审美的时尚感。

此外，传统文化元素与现代设计的融合体现了文化自信与国际化的并重。设计师通过将传统元素巧妙融入国际化的设计语境中，打破了传统与现代、东方与西方之间的界限，使中国设计在国际设计舞台上更具竞争力。

最后，这种融合也为文化产业的发展提供了新的契机。通过将传统文化元素运用于现代设计，不仅促进了文化产业的繁荣，也为传统手工艺和技艺的传承提供了新的发展空间，使传统工艺焕发出现代活力。

二、中国传统文化在现代设计中的创新体现

如何将现代设计与传统文化、传承和创新有机结合，取得最佳效果，一

直是一个令人困惑的问题，但也引起了世界的关注。在新方法的帮助下，这些包含传统元素的作品能够满足现代美学的需要。在设计方面，这些作品的设计理念在"形式"和"意义"上充分体现了中国传统文化的精髓，创新了现代设计方法、设计理念，并与传统文化有机融合，对传统文化的继承和发展十分有益。

在当代设计中，许多设计师会从中国经典美学中寻找灵感，例如通用理念、绿色人性关怀理念，分享美丽而流行的多元化发展，以造福创意设计师。最明显的是，传统美学具有物理特征，它将这些思想与现代思想相结合，将传统艺术精神融入现代设计，并为思维设计注入新鲜血液。这种方法本质上是一个概念创新设计。此外，设计师需要充分熟悉中国传统技术，将传统技术与现代设计紧密结合，从而设计出与中国传统技术兼容的创新产品。因此，产品制造商不仅必须生产和设计产品，还必须利用包装产品的活力，通过广告和扩大分销渠道，向有需要的人销售产品，改善对当前市场环境的依赖，提高市场和社会的认可度。

在全球化的大背景下，不同国家和民族的文化交流和融合日益加深。设计作为一种重要的文化表达形式，也不断地受到世界各地文化的影响。而作为拥有五千年悠久历史的中华民族，传统文化元素的丰富性和独特性也为现代设计提供了无尽的灵感。在现代设计中，中国传统文化元素的融入既是对传统文化的传承，也是对现代设计的一种创新。在这一过程中，中国传统文化与现代设计的关系愈发紧密，两者相互促进，共同发展。

（一）中国传统文化元素赋予现代设计独特性

中国传统文化元素具有鲜明的民族特色和历史积淀，将这些元素融入现代设计中，不仅可以增强设计的独特性和创意性，还可以提高设计的文化品位和内涵。例如，汲取中国传统山水画的构图理念，运用到现代建筑、景观设计中，可使设计更具禅意、更富诗情画意。在视觉设计、产品设计等领域，运用中国传统纹样、图案，如云纹、莲花、龙凤等，可以使设计呈现出浓厚的民族风格和文化底蕴。

（二）中国传统文化元素与现代设计理念的融合

中国传统文化中蕴含着丰富的美学思想和设计理念，如"天人合一""道法自然"等观念。这些观念强调人与自然的和谐共生、顺应自然之道，与现代设计中的可持续发展、绿色环保、人本主义等理念相契合。将这些传统文化元素与现代设计理念相融合，可以使设计更具生态、人性、智慧的特征。例如，运用传统的建筑结构、材料、技艺等，结合现代科技手段，打造具有传统文化特色的绿色建筑，既弘扬了民族文化，又体现了现代设计的理念。

（三）中国传统文化元素对现代设计的启示与借鉴

中国传统文化中的哲学、艺术、科学等方面的智慧和经验，对现代设计具有很高的启示和借鉴价值。例如，在现代设计过程中，可以借鉴中国古代数学家、天文学家的创新精神和求真务实的态度，以严谨的科学方法和开放的思维方式，探索设计的可能性和潜能。同样，在现代设计中，可以吸取中国古代书画、雕塑、建筑等艺术领域的审美追求和技艺成就，提高设计的艺术性和表现力。

（四）中国传统文化元素助力现代设计的国际化

在全球化的时代背景下，中国传统文化元素在现代设计中的运用，有助于推动中国设计走向世界、提升国际影响力。将中国传统文化元素与现代设计相结合，可以使设计作品具有更广泛的国际传播力和辨识度。同时，这种融合也有助于跨文化交流，让世界各地的人们更好地了解和欣赏中国文化的魅力。例如，近年来，中国元素在时尚、家居、工艺品等领域的运用，受到了国际市场的热烈欢迎。

（五）中国传统文化元素与现代设计的传承与创新

在现代设计中，如何在传承中国传统文化元素的基础上进行创新，是设计师们面临的一大挑战。传统文化元素应该以适应时代发展的方式呈现，既要保持其本质特征，又要与现代设计的需求相结合。例如，在中国传统纹样的运用上，可以在保持其基本形态的基础上，进行适当的简化、变形、重组等，使之既具有传统韵味，又能满足现代审美观念和实用功能的要求。

（六）中国传统文化元素在现代设计教育中的重要地位

在现代设计教育中，加强对中国传统文化元素的研究和传承，对于培养具有国际视野和民族自豪感的设计人才具有重要意义。对传统文化元素的学习和实践，可以使设计师们更好地理解和把握民族文化的精神内核，从而为现代设计创作提供更深刻的文化底蕴。同时，这也有助于提高设计师们的综合素质，培养跨学科交融的创新能力。

三、中国传统文化元素在现代设计中的表现形式

（一）中国传统文化元素在现代产品设计中的创新应用

在经济全球化的背景下，现代民族主义产品设计模式正在逐渐演变。"传统"已经成为现代设计中的一股新力量。一种是中国传统文化元素与产品设计的结合，另一种是传统文化元素和象征性产品设计的融合。

（二）中国传统文化元素在文创设计中的创新应用

设计是一种具有重要审美标准的时尚。打造具有中国特色的文创品牌，

应将中国传统文化元素融入现代文创设计中。基于中国的传统文化可以增加传统文化所说的"宽容"和"秩序"的价值。

四、中国传统文化与现代设计的有机结合

（一）传统装饰元素与现代设计的有机结合

传统装饰元素包括相对广泛的表现元素，并以狭隘的现代设计丰富了现代设计。传统有机美与现代美的结合可以吸引更多消费者的注意，根据传统装饰元素的美，可以提供战略性设计。以建筑装饰元素为例来说明传统风格：在成千上万种不同风格的木窗中，有许多窗户图案，如方形、回纹、云纹、波浪和梅花图案，装饰性建筑窗户的传统装饰不仅符合现代设计潮流和消费者的经典审美兴趣和爱好，而且可以有效地继承中国传统文化和艺术，让全世界的消费者都能看到这种设计。

（二）传统图案元素与现代设计的有机结合

追溯到古代，我们有各种传统吉祥风格元素，中国结、祥云、凤、龙等这些传统吉祥风格自古以来就存在。到目前为止，它们一直受到中国人民的欢迎。例如，在中国新年，很多家庭的门、窗或墙都会挂吉祥物图案。如今，现代平面设计中的一些设计师拥有敏锐的洞察力，这些洞察力可以准确地掌握消费者的需求。

老凤祥项目是成功的典型例子。老凤祥将传统的中国凤凰风格元素与传统的字体风格、中国字母相结合，使用柔和的线条来诠释企业文化。生动的标志设计不仅限于向消费者展示幸福的意义，同时也充分体现了品牌理念。

（三）传统书法元素与现代设计的有机结合

在现代设计中，设计师可以将设计与传统字体元素完美结合。书法艺术在传统文化中的重要性不言而喻，发展进程反映了中国千年历史文化的发展进程。书法字体艺术有多种类型，书法与现代设计不仅可以展示我们的文化遗产，还可以传达书法艺术的独特美学——每种类型的字体都有自己的特点。在现代平面设计中使用传统字体元素可以大大提高活力和丰富性。

书法与现代设计理念的融合既能够丰富设计作品的视觉效果和艺术性，又能够传递出独特的文化内涵和价值观。传统书法艺术强调"气韵生动""形神兼备"，与现代设计理念在很大程度上是相通的。将这些书法理念与现代设计相融合，可以使设计作品具有更高的艺术性和表现力。例如，在设计过程中，可以借鉴书法的笔触、线条、结构等元素，形成独特的设计语言和风格。同时，在设计理念上，可以汲取书法艺术的精神内涵，如"意趣盎然""和谐统一"等，使设计作品具有更深刻的文化内涵和审美价值。

在实际设计过程中，设计师应充分挖掘和理解传统书法艺术的精髓，将其与现代设计理念和技术相结合，创作出既具有传统韵味，又符合现代审美需求的设计作品。

五、中国传统文化元素在现代设计中的创新应用

在现代设计中，经济全球化使中国传统文化受到外来文化的影响。如何在保持民族特色的同时吸收和学习外国文化是现代设计的关键。同时，现代设计充满激情，中国传统文化元素也体现了对人性的关怀。

（一）拥抱外来文化，改造传统文化

在信息时代，中国文化的传承和发展对现代设计至关重要。在全球化时代，现代设计的关键是在保持民族特色的同时吸收和学习外国文化。现代设计必须以文化元素为基础。在中国文化的现代设计中，我们必须选择中国文化的元素，利用中国文化的基础，西方文化影响着我们的传统文化，我们需要维护我们的民族文化。设计师们通过把外来文化融合到传统文化中，创造出了许多新的设计风格，如东方现代、中西融合等。这些设计风格不仅保留了传统文化的特点，还在其中融入了现代的审美观念和技术手段，使得传统文化元素更加符合现代人的需求。

例如，在服装设计中，设计师们将传统的中国服饰元素与现代的时尚元素相结合，创造出了新的服装款式，既兼顾了传统文化的韵味，又符合了现代人的审美需求。在建筑设计中，设计师们将传统的建筑手法与现代的建筑技术相结合，创造出了现代化的建筑风格，既保留了传统文化的特色，又体现了现代建筑的新颖和实用性。

（二）充满感情特征，体现人性关怀

中国传统文化的元素反映了对人性的关怀，强调人与自然、人与社会、人与人之间的和谐关系，注重人性关怀和情感交流。在现代设计中，设计师们也注重在作品中表达情感特征，体现人性关怀。这种情感特征可以通过色彩、造型、材料等方面来表现。例如，在产品设计中，设计师们注重产品的人性化设计，使得产品更加符合人们的使用习惯和心理需求。在平面设计中，设计师们运用色彩和造型等元素来表达情感特征，为作品注入人性关怀的元素。

第三节　传统文化的传承与国潮的兴起

一、文化自信理念下"国潮"热的兴起与发展

自中华人民共和国成立以来，面对各种文化思潮，中国思想文化开始吸收外国文化的教义而重新融合。大力弘扬和传播中华优秀传统文化是历史赋予我们的重要任务。与此同时，当代文化已经成为越来越受青年群体欢迎的一股"洪流"，"国潮"的出现塑造并融合了时尚趋势。

"国潮"是一种具有中国特色的潮流现象，它融合了中国传统文化、民族特色与现代时尚元素，成为一种受到广泛关注和追捧的风格。

"百度2021"以搜索大数据为基准，统计了近期增长的详细数据。数据显示，在过去十年中，中国人民的民族信心有所提高，"国潮"趋势研究的普及率增加了五倍多。在过去的五年中，中国的品牌知名度已经完全超过了外国品牌。"国潮"势不可挡：从吃穿用，再到科技力量的崛起，新思想不断出现。"国潮"以传统文化为基础，顺应时代潮流，保留中国传统文化艺术特色。文化"民族思想潮流"的出现，使中国古代传统文化注入了新的活力。中国传统文化的新表现，是自信文化的体现，也是人们高度重视自身文化的体现。

"国潮"代表了当代的趋势，不仅体现了传统文化的魅力，还传播了现代创新的活力，体现了人民的文化自信和民族自豪感。"国潮"是新时代的新事物：根据"国潮"研究数据，"90后"是"国潮主力"，"00年后"是"国潮"的潜在消费群体。在过去的十年里，对"民族潮流"的追求非常高，中国品牌和民族文化引领世界，人们感到自豪。同时，"民族潮流"为延续优秀的中国传统文化提供了良好的机会，体现了优秀的中国传统文化精神。传播过程中的"潮流"逐渐赢得了广大观众，得到了许多年轻人的支持，并逐渐发展成为被越来越多团体接受的流行文化。

二、"国潮"创意观念的变迁

"国潮"已成为创意工作者眼中的热门话题。从中国元素到中国产品，中国商品已成为世界上视觉符号等流行话题。近年来，广告、服装、工业等都在挖掘中国元素的象征。自2006年以来，中国国际艺术节宣布增加"中国元素国际创意大赛"特别奖项，其主要目的是继承和推进当地文化元素的活力和创造力，同时宣传现代商业理念，促进发展中国广告业，逐渐形成具有本地特色的创意广告文化，倡导在世界各地推广和应用中国元素。

（一）国潮的内涵

（1）融合中国传统文化：国潮强调对中国传统文化的传承和创新，通过将传统元素融入现代设计中，赋予传统文化新的生命力。

（2）结合现代时尚潮流：国潮将传统文化与现代时尚元素相结合，以独特的设计风格和审美趣味吸引关注。

（3）民族品牌的崛起：国潮带动了具有民族特色的品牌在市场上崛起，为消费者提供了更多具有中国特色的产品选择。

（4）文化自信与民族自豪：国潮体现了人们对中国民族文化的自信和自豪，强调文化的传承和发展。

（5）多元化的表现形式：国潮涵盖了多个领域，如服饰、设计、艺术、消费品等，表现形式多样。

事实上，在现阶段，中国的经济发展水平与欧洲和美国的经济发展程度仍有差距。鉴于强大的经济实力和强大的西方创意文化，部分国潮缺乏深刻的创造力，没有形成独特的模式。然而，在当前全球化的背景下，中国已经参与了国际生产体系和国际贸易体系。"中国制造"产品也是全球分工与合作的结果，强调"中国制造与全球合作"是中心主题。这一事实也代表了从中国元素向中国产品转变。

（二）国潮的价值

随着中国加入全球生产链，中国公司开始从小发展到大，中国品牌从弱小发展到强大，世界上越来越多中国的品牌。创造一批具有全球竞争力的世界级公司和世界知名品牌是中国的时代使命。保持新的"双循环"发展模式，打造品牌是强国的梦想，也是经济强盛的途径。在经济时代，中国企业已经朝着品牌迈出了一步。例如，海尔、海信、格力、美的等家电品牌，比亚迪、蔚来、代客等汽车品牌，华为、小米、OPPO等手机品牌在国际市场上被各个年龄段的买家广泛使用。中国品牌已逐渐形成一个矩阵，将中国产品的"趋势"推向世界。在中国潮流的现阶段，创新的概念发生了很大的变化。中国和中国创意企业积极发起攻势，打造质量好、价格合理的中国深度品牌。中国品牌逐渐在国际市场上占有一席之地，在经济时代朝着品牌迈进了一步，中国品牌通过先进的技术和文化信任得到了国内外消费者的认可。概括来说，国潮的价值主要包括以下几方面。

（1）提升民族文化自信心：国潮强调对传统文化的传承与发扬，有助于提升民族文化自信心。

（2）塑造文化品牌形象：国潮带动了一批具有民族特色的品牌崛起，提升了中国品牌在全球的形象和影响力。

（3）促进文化产业发展：国潮促进了文化产业的创新与发展，为国家经济发展注入了新的活力。

（4）推动文化交流：国潮有助于推动中外文化交流，加深全球对中国文化的了解与认同。

三、国潮发展存在的问题

（一）国潮门槛相对较低

随着国潮概念的兴起，中国传统文化元素在时尚、设计等领域迅速崛起，然而，国潮发展过程中也显现出一些问题，其中之一便是门槛相对较低。

首先，低门槛使得市场充斥着大量的模仿品和劣质产品。由于国潮发展较为迅速，一些厂商为了快速赶上潮流，往往采用模仿和复制的手段，导致市场上出现大量缺乏原创性和质量保障的产品。这不仅损害了国潮的品牌形象，也让消费者难以辨别真伪，影响了市场的健康发展。

其次，低门槛使得行业规范相对薄弱。由于参与门槛较低，涌入行业的企业和设计师水平良莠不齐，导致行业内缺乏一定的规范和标准。这使得一些优秀的国潮品牌难以在竞争中脱颖而出，整个行业难以形成有机的发展结构。

另外，低门槛也制约了国潮产业链的升级。过于注重速度和量的扩张，一些企业可能会忽略对产品创新和设计深度的投入，导致产业链上游的创意和设计环节相对滞后。这不仅影响了国潮产业的核心竞争力，也使得整个产业链的升级变得更为困难。

解决这些问题需要行业各方的共同努力。首先，政府部门可以加强对国潮产业的监管，提高市场准入门槛，鼓励原创和高质量产品的生产。其次，企业和设计师应当注重提升自身的创意和设计水平，培养具备国际竞争力的品牌。最后，消费者也应当更加理性看待国潮产品，对于原创和有品质保障的产品给予更多的关注和支持。

（二）缺乏制作人才

这一问题不仅影响了国潮产业的创新和质量，也阻碍了产业链的健康发展。

首先，制作人才的匮乏导致产品创新受限。在国潮产业中，不仅需要有深厚的文化底蕴，还需要有高水平的制作技艺，以确保产品在质感、工艺上能够达到高标准。然而，由于缺乏足够的专业制作人才，一些产品在制作过程中难以实现创新和差异化。

其次，缺乏高水平的制作人才制约了国潮产业的品质保障。在国际市场上，高品质的制作是品牌竞争力的关键因素之一。由于缺乏高水平的制作人才，一些国潮产品在工艺、材料选择等方面可能无法满足高要求，影响了品牌形象和市场认可度。

另外，制作人才短缺也使得国潮产业链上游的设计和创意环节难以充分发挥作用。制作人才的不足使得一些优秀的设计理念难以在实际制作中得以体现，限制了国潮产业的创意深度和广度。

解决这一问题需要采取多方面的措施。首先，培养更多的专业制作人才，建立与国潮产业相匹配的教育体系和培训机制，提升整个产业的技术水平。其次，企业可以加强内部人才培养和引进，鼓励员工不断提升技术能力。同时，加强产业链上下游之间的合作，推动设计、创意和制作环节更加紧密地协同工作。

（三）缺乏品牌文化内涵

首先，一些国潮品牌过于注重表面的文化符号，而缺乏对传统文化深层次理解的反映。这种现象使得一些产品在外观上虽然充满中国元素，却难以传达出真正的文化内涵。品牌如果只停留在形式上的"中国风"，难以打动消费者，也难以在激烈的市场竞争中立足。

其次，一些国潮品牌在文化输出上缺乏系统性和深度。传统文化是深厚的，不仅包含着丰富的历史故事，还蕴含着人们对生活、价值观念的理解。然而，一些品牌只是停留在表面，没有对传统文化进行深入挖掘和解读，导致其产品缺乏独特性和深度。

另外，缺乏品牌文化内涵也制约了国潮产业的持续创新。一个有深度的品牌文化不仅可以为产品注入灵感，还能够为品牌提供持久的发展动力。然而，一些品牌缺乏文化内涵，导致其在创新方面显得力不从心，难以在市场中保持竞争力。

解决这一问题需要品牌在文化内涵的塑造上下更大功夫。首先，品牌需要加强对传统文化的学习和理解，建立起对文化根源的深刻认识。其次，品牌可以通过与文化领域专业人士的合作，挖掘文化内涵的深度，将其融入产品设计、品牌传播等方方面面。此外，品牌还应该注重建设自身的文化体系，使之能够与消费者建立更为深厚的情感连接。

四、"国潮"成为当代青年推崇优秀传统文化的一种新方式

当代青年应尽最大努力，通过自己的实际行动证明自己对传统文化的认同和接受，这些行动有助于广泛和深入地传播传统文化。弘扬"爱国主义潮流"可以深入青少年的日常学习和生活场景，使优秀传统文化遗产的探索更加自然，优秀传统艺术是"民族潮流"稳定发展的根本保证。随着一群年轻人在日常生活中学习并出版文学作品，如《青花瓷》《新妃醉酒》等歌，《上新了，故宫》《经典永流传》等电视节目，还有传统文化元素的手机壳、别针、便条、头发和钥匙圈都很受欢迎。一些受欢迎的当地旅游景点、博物馆等，也相继推出了具有浓郁特色的地方文化产品，鹤、如意、祥云等元素出现在服装、化妆品等日用品中，每一个设计都有着独特的文化内涵，为传统文化赋予了新的内涵。这个新时代的时尚潮流不仅促进了年轻人的消费和市场经济的发展，而且还激发了文化创造力。年轻人的审美和心理需求，结合当代消费趋势，不仅满足了日常需求，还传播了中国优秀的传统文化。

年轻人的消费水平和消费观念不断变化。高质量的"民族潮流"产品是年轻人的首选和追求。一些"民族潮流"产品已经形成了新的趋势，追随时尚"国潮"体现了消费者的心理变化。诚然，虽然潮流是由年轻人群体发起的，但潮流品牌"真实自我"实际上是年轻人对我们优秀传统文化的认可。在此基础上，我们可以深入挖掘独特元素的独特传统文化，充分结合"民族潮流"产品的流行，制定东方审美标准，不断提高对民族文化的信心。

"校园国潮图形设计"以其独特的魅力脱颖而出。这种设计风格巧妙地将中国传统文化元素与现代校园元素相融合，为青年一代带来了充满创意和活力的视觉体验。这些图形设计不仅展现了年轻人对传统文化的尊重和传承，还体现了他们敢于创新、追求个性的精神风貌。在激发青年学子对国家文化的自豪感的同时，校园国潮图形设计也为校园文化赋予了新的生命力，让传统与现代在校园里交相辉映。总体而言，校园国潮图形设计为国潮潮流注入了新鲜血液，展现出无限的发展潜力和广阔的前景。

图1-1　校园国潮大赛作品1

图1-2　校园国潮大赛作品2

传统文化视域下的文创产品设计与开发创新研究

图1-3　校园国潮大赛作品——高煜新等

五、当代"国潮"视域下传统文化的发展路径

　　如今，互联网是传播文化最重要的手段。不同类型的媒体出现在无尽的潮流中，它们对传统文化的参与也多种多样。包括诗歌在内的在线文化文本和形象是促进媒体业务发展的一部分，小说、插图等绝大多数的内容已被翻译成歌曲、电影和电视剧。文化内容，如"神魔""武侠"，虽然经常出现在我们的媒体和短片中，它们也有一些传统的文化色彩，但并不能算是真正的传统文化。在当今互联网的蓬勃发展中，应该辨识不同的互联网文化，放弃最低限度的"快餐"互联网文化，不断学习吸收优秀的传统文化。当代青年一代在保持个性的同时，必须深刻理解其蕴含的优秀传统文化的本质。

　　我们应探索当前流行元素潮流与优秀传统文化的结合，以生动的形式表现优秀的中国传统文化。由于"国潮"的流行和对商业媒体的需求，文化节目如《登场了！敦煌》《当燃了！国潮》《潮流合伙人》等在线真人秀节目引发热潮。媒体网络等新媒体和节目电视、公众人物和运营商已经打响了"国潮"的第一枪，这对年轻人越来越有吸引力。同时，还应把传统历史文化与流行元素结合起来，通过使用新的表现形式和宣传，创造一种具有当代青年审美趣味和品位的优秀传统文化，以满足当代青年"深层情感认同"的"潮流"和"民族风格"。利用电视和音乐节目、短平台视频、真人秀节目等现代手段推广和传播国潮文化作品的理念。

　　通过创新表演、改编音乐的形式和内容，也可以生动地呈现历史故事，激发年轻人的爱国主义精神，激发他们强烈的文化认同感以及对优秀传统文化的信任和自豪。一个国家的文化软实力取决于大局。传统媒体、新媒体和私人媒体的结合，为弘扬中华优秀传统文化注入了新的活力。

第四节　初识文化创意产品

一、不同类型的文化创意产品设计

文化创意产品是指以文化创意产业为核心的一类产品，它包括了以文化元素为主题或依托的创新设计、创意艺术、数字娱乐、文化旅游等领域的产品。这些产品通常具有艺术性、创新性、文化性和经济价值，并且能够满足人们的文化需求和审美需求。文化创意产品不仅可以传达文化价值观、历史文化和地域文化，还可以促进文化交流和文化产业的发展。它通常分为几大类。

（一）工艺品

工艺品是一种具有艺术价值和实用功能的手工制品或机械制品。它们通常具有独特的设计、精湛的技艺和丰富的文化内涵。工艺品主要分为传统工艺品和现代工艺品两大类。

（1）传统工艺品：这类产品具有悠久的历史、丰富的文化内涵和独特的技艺。例如陶瓷、漆器、木雕、刺绣等，这些工艺品往往承载着一定的地域特色和民族风情，是传统文化的重要载体。

（2）现代工艺品：这类产品将传统技艺与现代设计理念相结合，创造出既具有艺术价值又有实用功能的产品。例如现代陶瓷艺术、创意家居饰品等，兼具传统与创新，为消费者提供了更多样化的选择。

（二）纪念品

纪念品是为了纪念特定事件、人物或地点而设计的文化创意产品。这类产品通常具有纪念意义和收藏价值，如纪念邮票、纪念币、纪念雕像等。

纪念品通常分为以下几类。

（1）历史纪念品：这类产品主要为了纪念历史事件、人物或地点而设计，具有一定的历史价值，如建国纪念邮票、名人纪念币等。

（2）艺术纪念品：这类产品主要以艺术作品为基础，通过特定的艺术形式表达纪念主题，如限量版艺术画册、雕塑作品等。

（3）旅游纪念品：这类产品主要为了纪念特定的旅游景点或地区而设计，具有一定的旅游价值，如特色手工艺品、地标建筑模型等。

（4）个性化纪念品：这类产品主要为了满足个人纪念需求而设计，具有一定的个性化特点，如定制纪念品、生日纪念品等。

（三）文化衍生品

文化衍生品是以文化内容为基础创作的衍生产品，如电影、动画、漫画、游戏等相关的衍生品。这些产品通常包括玩偶、模型、周边服饰等，具有一定的娱乐价值和收藏价值。文化衍生品主要分为以下几类。

（1）电影衍生品：这类产品主要以电影作品为基础，创作与电影相关的衍生品，如电影角色玩偶、电影场景模型等。

（2）动画衍生品：这类产品主要以动画作品为基础，创作与动画相关的衍生品，如动画角色公仔、动画周边服饰等。

（3）漫画衍生品：这类产品主要以漫画作品为基础，创作与漫画相关的衍生品，如漫画角色手办、漫画周边收藏品等。

（4）游戏衍生品：这类产品主要以游戏作品为基础，创作与游戏相关的衍生品，如游戏角色模型、游戏周边设备等。

（四）原创设计品

原创设计作品是独立设计师或设计团队根据自身创意和设计理念创作的产品。这类产品通常具有独特的设计风格和创意表达，如原创插画、艺术品、家居饰品等。原创设计作品主要分为以下几类。

（1）原创艺术品：这类产品主要包括独立艺术家创作的绘画、雕塑、摄影等艺术作品。

（2）原创家居品：这类产品主要包括设计师创作的家居用品，如家具、灯具、壁画等。

（3）原创时尚品：这类产品主要包括独立设计师创作的服装、饰品、包袋等时尚单品。

（4）原创文具品：这类产品主要包括设计师创作的文具用品，如笔记本、书签、笔筒等。

（五）文化服饰

文化服饰是将文化元素融入时尚服饰和饰品设计中的产品，如民族服饰、传统饰品、创意时尚服饰等。这些产品既具有文化内涵，又具有一定的时尚度和审美价值。文化服饰主要分为以下几类。

（1）民族服饰：这类产品主要包括各民族传统的服饰和饰品，如汉服、蒙古袍、藏族饰品等。

（2）传统饰品：这类产品主要包括各种传统材料和技艺制作的饰品，如玉器、木雕、刺绣等。

（3）创意时尚服饰：这类产品主要包括将文化元素与时尚设计相结合的服饰和饰品，如图案T恤、文化主题服装等。

（六）文化旅游产品

这类产品是以特定地域的文化特色为基础创作的旅游产品，如地域特色手工艺品、特色美食、旅游纪念品等。这些产品既具有文化内涵，又能满足游客的购物需求。文化旅游产品主要分为以下几类。

（1）地域特色手工艺品：这类产品主要包括各地特色的手工艺品，如景泰蓝、苏绣、泥塑等。这些手工艺品往往具有独特的地域特色和文化内涵。

（2）地方特色美食：这类产品主要包括各地的特色美食，如北京烤鸭、四川火锅、广东早茶等。这些美食不仅具有地域特色，还能满足游客的味蕾需求。

（3）旅游纪念品：这类产品主要包括与特定旅游景点或地区相关的纪念品，如旅游景点模型、特色纪念邮票等。这些纪念品具有一定的纪念价值和收藏价值。

图1-4　澳门手信1

传统文化视域下的文创产品设计与开发创新研究

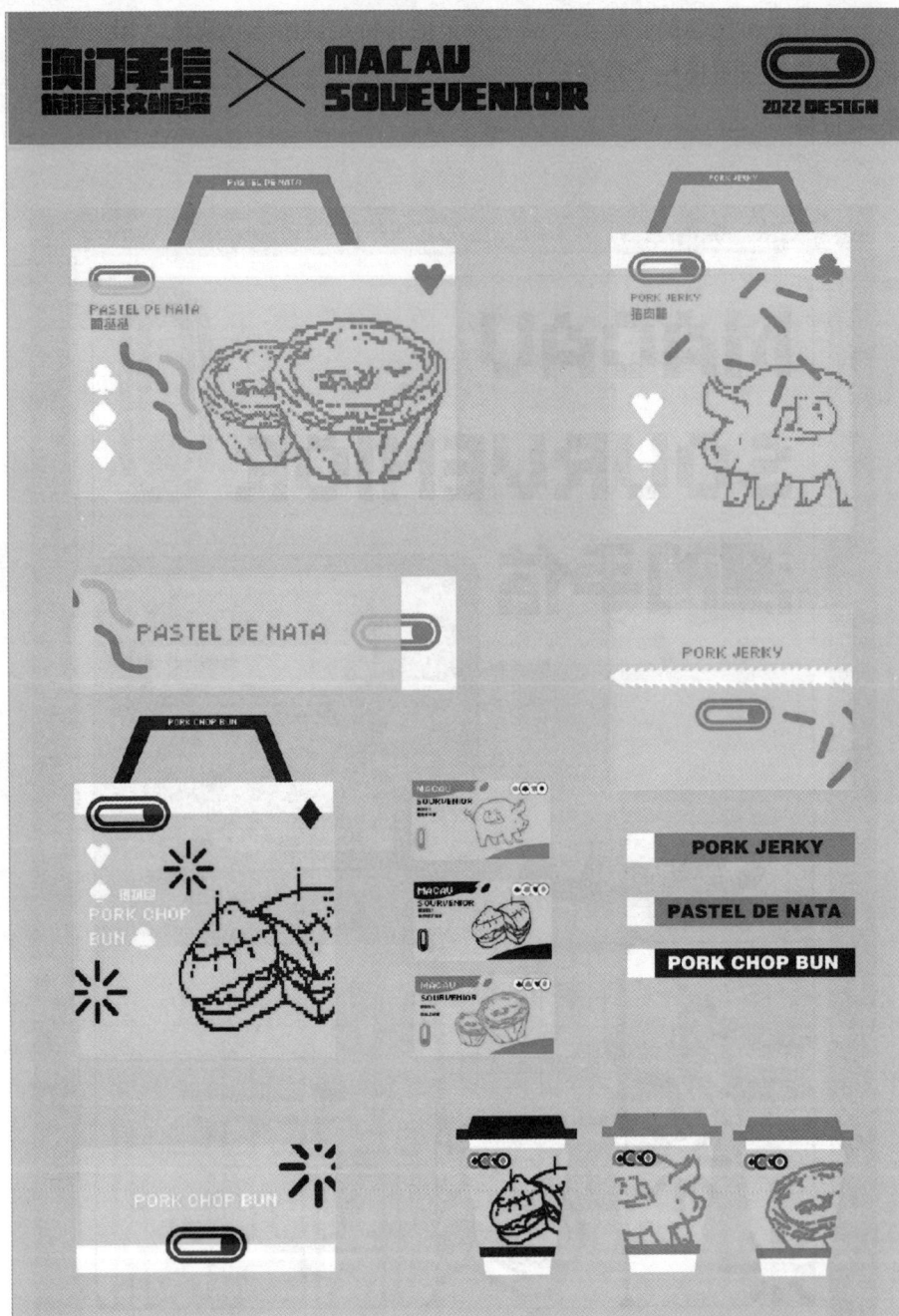

图1-5 澳门手信2

图1-5 澳门手信3

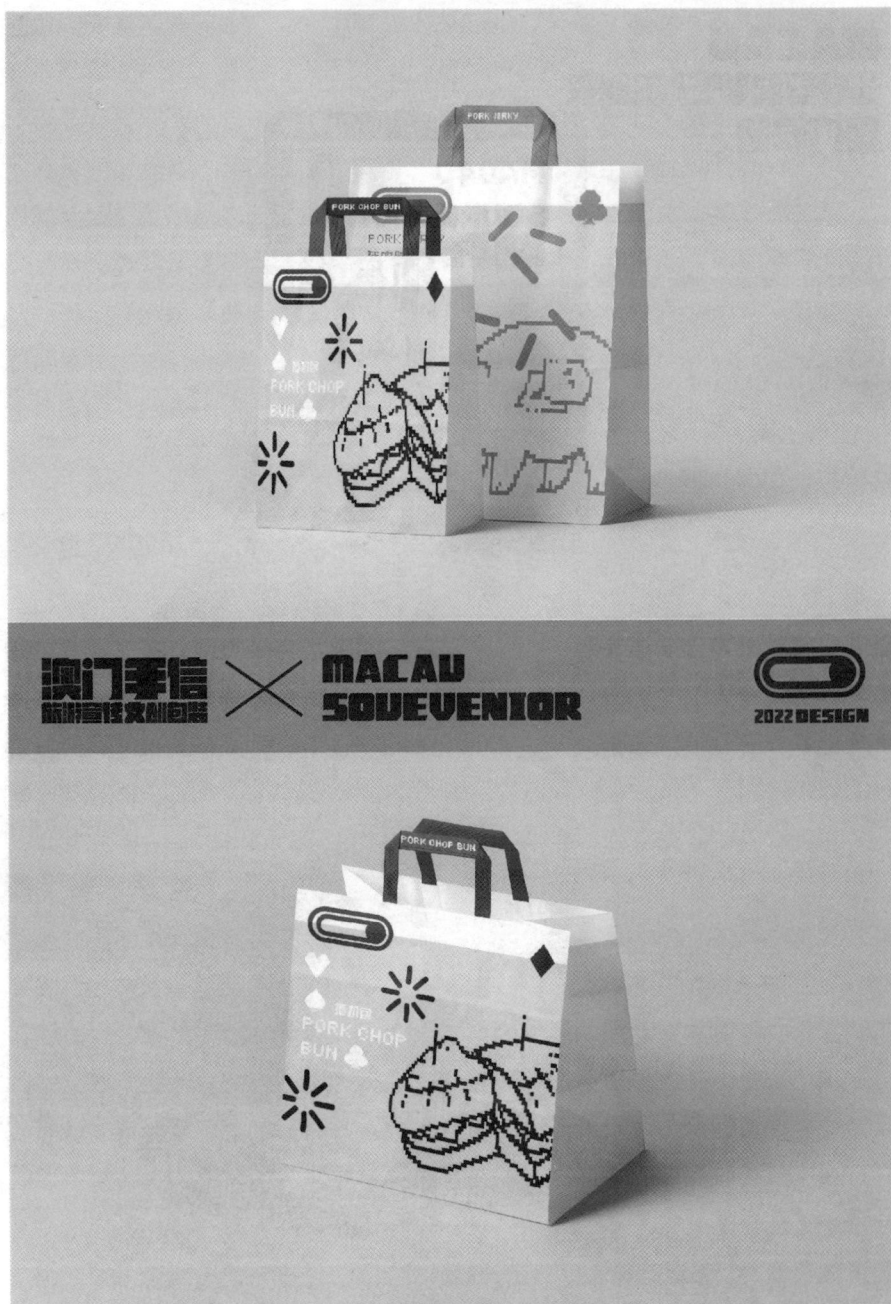

图1-6 澳门手信4

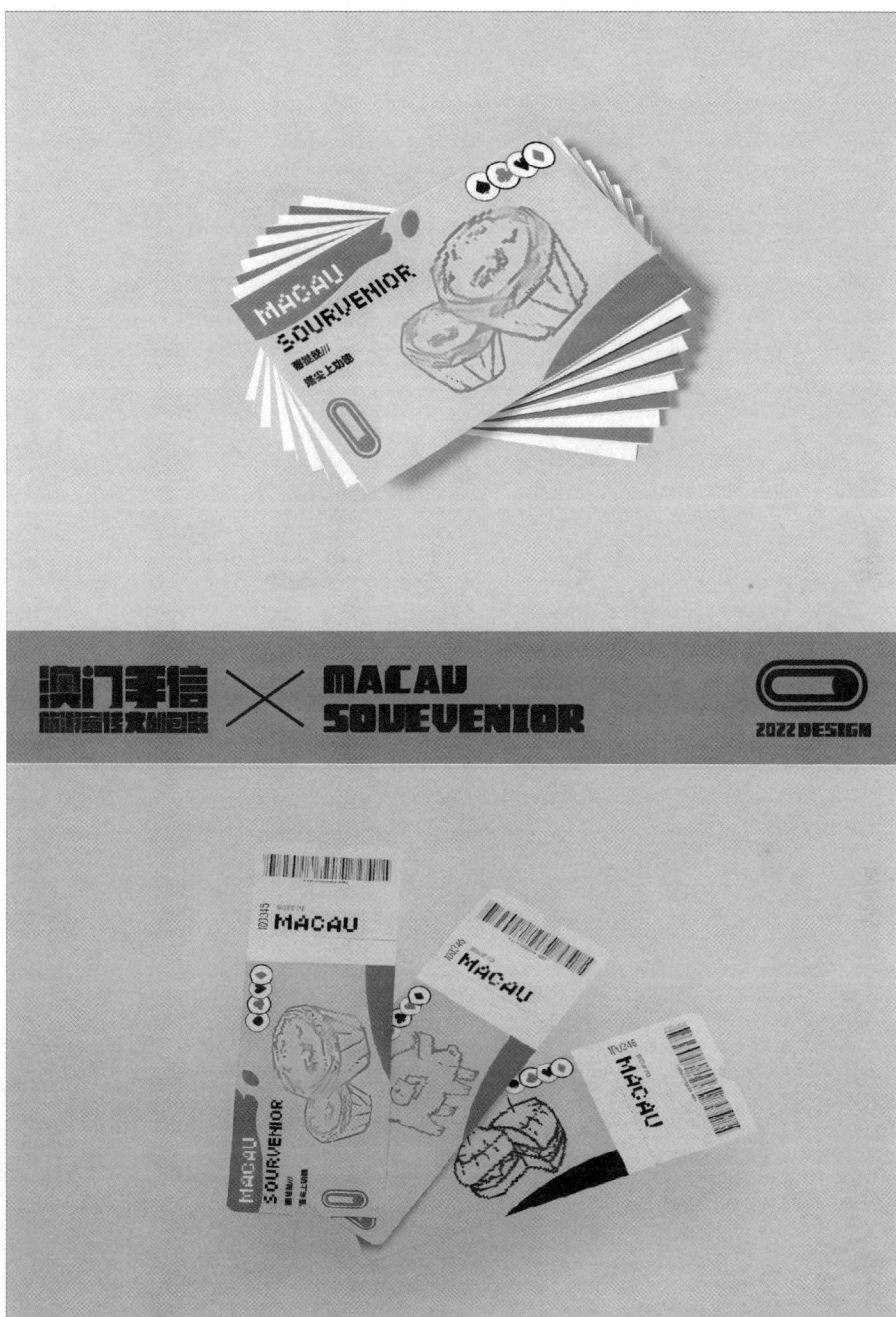

图1-7　澳门手信5

传统文化视域下的文创产品设计与开发创新研究

图1-8 澳门手信文创设计——谢婉雯

（七）数字文化创意产品

数字文化创意产品是指以数字技术为基础，融合了文化元素和创意设计的一类产品。它们通过数字技术的创新应用和文化元素的深度融合，创造出具有高附加值、高品质、高可体验性的产品，包括数字艺术、数字文化遗产、数字文化娱乐和数字文化创新产品等。数字文化创意产品主要分为以下几类。

（1）数字艺术作品：这类产品主要包括以数字技术为基础创作的艺术作品，如数字绘画、数字雕塑等。这些作品具有独特的艺术表现和创意表达。

（2）虚拟现实体验：这类产品主要包括以虚拟现实技术为基础，创作具有文化特色和创意表现的虚拟现实体验，如虚拟博物馆、虚拟旅游等。这些体验通常具有高度的沉浸感和互动性。

文化创意产业涉及的产品种类繁多，包括但不限于文化演艺、影视动漫、出版传媒、网络游戏、文化旅游、文化艺术品、地域特色产品、数字文化创意产品、文化教育产品和生活美学产品等。这些产品不仅具有文化价值，还具有经济价值和社会价值，对于促进文化产业的发展和传承文化具有重要意义。

二、基于中国传统文化的文创产品设计

中国传统文化源远流长，具有丰富的文化资源和独特的魅力。在文化创意产业发展的过程中，中国传统文化在文创产品设计中的价值不容忽视。

基于中国传统文化的文创产品设计是指以中国传统文化为核心元素，通过创新的设计手法和现代技术手段，打造出具有艺术性、创新性和文化内涵的产品。这些产品可以包括手工艺品、数码产品、文化衍生品、文化旅游产品等，它们旨在传达和弘扬中国传统文化的价值观念、审美观念和精神内涵，同时也可以满足人们对文化、艺术和生活方式的需求。

基于中国传统文化的文创产品设计，不仅可以传承和弘扬中国传统文化，还可以通过产品的商业化运作，推动文化产业的发展和经济增长，同时也可以提高人们的文化消费水平和文化自信心。在创新设计过程中，设计师可以运用中国传统文化的元素和形式，进行艺术创作和设计。

（一）文化价值

（1）弘扬民族精神：中国传统文化承载了民族的精神、历史和智慧，是民族精神的重要体现。将传统文化融入文创产品设计，可以帮助弘扬民族精神，提升民族自豪感和文化自信。

（2）传承历史文化：中国传统文化凝聚了数千年的历史积淀，是中华民族历史的见证。将传统文化运用到文创产品设计中，有助于传承历史文化，让更多人了解和珍视中华民族的历史。

（3）强化文化认同：对于个人而言，传统文化是个体文化认同的基础。将传统文化融入文创产品设计，可以增强人们对传统文化的认同，提高文化素养。

（4）促进文化交流：中国传统文化是全人类共同的文化遗产，具有广泛的国际影响力。在文创产品设计中运用传统文化，有助于促进中外文化交流，展示中华文化的魅力。

（二）审美价值

（1）丰富产品形式：中国传统文化包含丰富的艺术形式，如书法、绘画、剪纸、刺绣等。将这些艺术形式应用于文创产品设计，可以丰富产品形式，提升产品的艺术价值。

（2）增强产品个性：中国传统文化具有独特的审美风格和个性。在文创产品设计中融入传统文化元素，有助于增强产品的个性，使其具有更强烈的文化特色。

（3）提高产品品质：中国传统文化强调工艺精湛、品质卓越。将传统文化融入文创产品设计，可以提高产品品质，使产品具有更高的审美价值。

（4）满足消费者需求：随着消费者审美趣味的提高和文化需求的多样化，越来越多的人开始关注具有传统文化特色的产品。将传统文化应用于文创产品设计，有助于满足消费者的个性化、多样化需求。

（三）市场价值

（1）提升产品竞争力：在市场竞争日益激烈的背景下，具有传统文化特色的文创产品更具竞争优势。将传统文化融入文创产品设计，有助于提升产品的竞争力，实现市场份额的扩大。

（2）拓展市场空间：基于中国传统文化的文创产品具有独特的市场定位，可以吸引不同年龄、阶层和文化背景的消费者。将传统文化应用于文创产品设计，有助于拓展市场空间，提高产品的市场潜力。

（3）提高品牌价值：将中国传统文化融入文创产品设计，可以为品牌赋予独特的文化内涵和形象，有助于提高品牌价值，树立品牌特色。

（4）创新商业模式：中国传统文化资源的挖掘和运用，为文创产品设计提供了丰富的素材。基于传统文化的文创产品设计，可以催生新的商业模式，推动产业创新与发展。

故宫文创是中国最具代表性和影响力的文化创意品牌，其产品设计以故宫博物院的丰富文化资源为基础，将传统文化元素与现代设计理念相结合。它的市场价值首先体现为提升品牌价值。故宫文创的产品以其独特的设计和高品质赢得了广泛的市场认可，使故宫成了一个备受尊敬的国际文化品牌。其次体现在扩大了市场份额。通过创意设计和多样化的产品线，故宫文创成功吸引了各年龄层、各类型消费者的关注，从而扩大了市场份额，促进了中国文化产业发展。故宫文创的成功推动了中国文化创意产业的发展，为其他文化机构和企业提供了发展的样本和典范。

（四）社会价值

（1）弘扬社会主义核心价值观：中国传统文化包含了诸多优秀的道德观念和价值取向，与社会主义核心价值观相契合。将传统文化融入文创产品设计，有助于弘扬社会主义核心价值观，提升社会风尚。

（2）促进文化传播：将中国传统文化运用于文创产品设计，有助于文化的传播与普及。这不仅可以提高公众对于传统文化的了解，还可以拓宽传统文化的影响范围，激发社会对文化的热情。

（3）保护非物质文化遗产：中国传统文化中的很多技艺和知识面临失传的危险。将这些非物质文化遗产融入文创产品设计，有助于其传承与保护，实现非物质文化遗产的活态传承。

（4）促进经济发展：文化创意产业是新兴的经济增长点。基于中国传统文化的文创产品设计，可以推动文化创意产业的发展，带动相关产业链的升级，为社会经济发展贡献力量。

中国传统文化在文创产品设计中具有重要的文化价值、审美价值、市场价值和社会价值。在全球化背景下，传统文化与现代创意的结合将为文化创意产业带来更多的发展机遇。我们应该充分挖掘和运用传统文化资源，将传统文化融入文创产品设计，为构建中华民族特色鲜明、富有创新力的文化创意产业体系贡献力量。

三、以特色文化作为主要设计起点

（一）地域性文化特色

中国幅员辽阔，文化门类丰富，文化产业众多。研究、解读与可视化代表性地域文化，并结合现阶段的流行设计语言，开发新潮的文化创意产品，是文化创意产品开发的主流方式。

因此，为了实现文化和创意产品的繁荣，有必要在区域文化发展中实现更大的多样性。目前，重点关注非物质文化遗产以及区域特征寻求文化创造力是实现生产性文化创造力的有效途径，这是将文化和创意产品转化为区域文化符号并以适应审美潮流的方式展示的有效途径。例如，对甘肃地区的敦煌文化进行的文化创意研究，以井冈山地区红色文化为基础的文化创意开发，南京地区的金箔文化的创意开发等，都是以具体的地域性为视角，对区域文化特征进行提炼，以非物质文化遗产为主导方向进行的创意研究。

中国是一个历史悠久、地域广阔的国家，各地区都有着丰富的地域性文化。这些地域性文化为文化创意产品设计提供了丰富的素材和灵感。以下举几个典型的例子。

北京篦街胡同文化：北京的胡同具有浓厚的地域性文化特色。设计师将胡同的元素和生活场景应用到文创产品中，如胡同风格的明信片、笔记本、地图等，体现了北京地域文化的魅力，吸引了众多游客和消费者。

四川成都宽窄巷子：宽窄巷子是成都的一处著名景点，具有浓厚的地域性文化氛围。设计师将宽窄巷子的建筑风格、地方特色美食等元素融入文创产品设计，如宽窄巷子风格的手绘地图、美食形象的钥匙扣、书签等，充分展示了成都地域文化的魅力。

上海外滩风情：上海外滩地区具有独特的地域性文化特点。设计师将外滩的建筑风格、时尚元素等运用到文创产品中，如外滩地标建筑的模型、上海旗袍元素的丝巾等，展现了上海地域文化的个性和魅力。

云南丽江古城：丽江古城是中国著名的历史文化名城，拥有丰富的地域性文化。设计师将纳西族文化、古城建筑风格等元素融入文创产品设计，如纳西族鼓楼的模型、丽江古城风景的明信片等，展示了丽江地域文化的独特魅力。

西藏拉萨布达拉宫：拉萨布达拉宫是西藏的代表性建筑，具有浓厚的地域性文化。设计师将布达拉宫的建筑元素、藏族文化等运用到文创产品中，如布达拉宫模型、藏族风格的手链等，充分体现了西藏地域文化的神秘和多样性。

图1-9　珠海之恋1

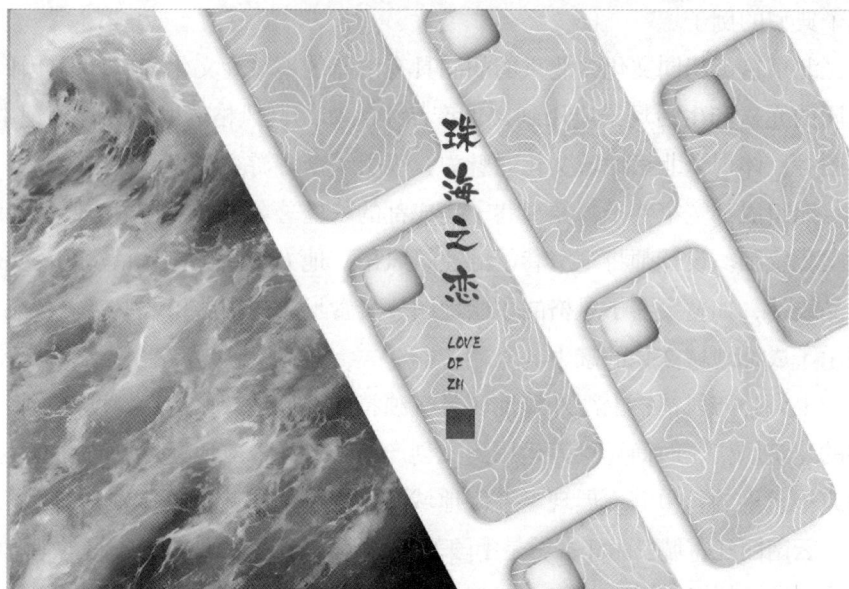

图1-10 珠海之恋2

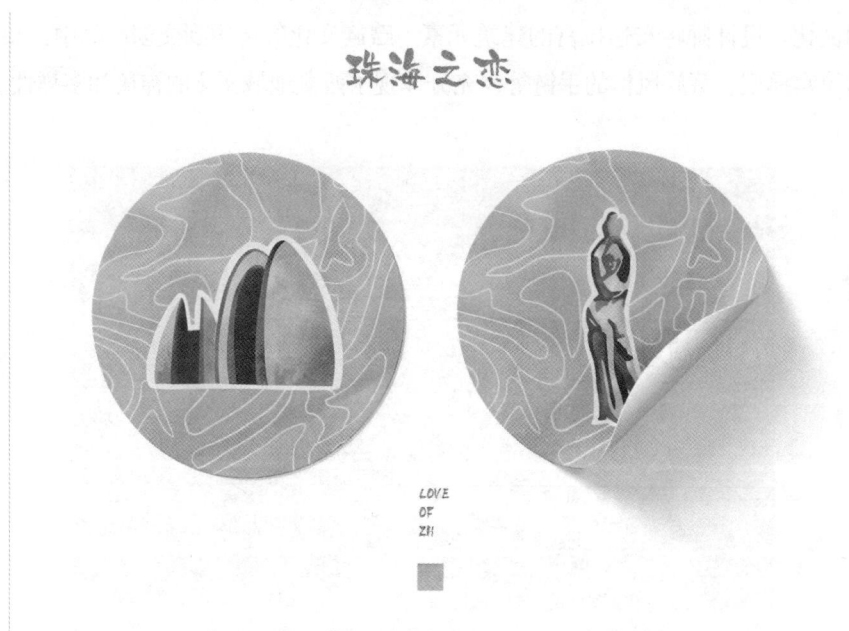

图1-11 珠海之恋3

图1-12 珠海之恋——陶凌飞，黄宇轩

（二）以时代文化特色为背景

目前，文化发展将现有的成熟产品与文化创造力结合起来，以促进和保护传统文化。在传统文化背景下，将开放现有产品的销售方式，这些产品非常不同。文化结构分为三个层次，即表层—物质文化、中间层—制度行为文化、核心层—精神文化，所对应的产品设计的三个层次分别为产品的功能层、形式层与反思层。如果我们想设计适应时代背景的文化创意产品，设计理念不仅限于形式和功能，还需要在精神层面唤醒用户的共鸣。

（三）运用数字媒体技术和手段

随着科技的不断发展，数字媒体技术已经渗透到文创产品设计的各个领域，为产品设计带来了前所未有的创新及多样化。数字媒体技术在文创产品设计中的应用是多元化的，涵盖了VR/AR、3D建模与打印、交互式多媒体、人工智能等多个领域。这些技术不仅拓宽了文创产品的设计范畴，还为设计师提供了更多的创意灵感和实现手段。随着数字媒体技术的不断发展和创新，我们有理由相信，未来的文创产品设计将会呈现出更加丰富、多元和智能化的特点，为人们带来更加美好的生活体验。

回望历史，我们追根溯源，从汉字语义来解读文创。"文"本义为符，上古之时，符文一体，依类象形；"创"本为"刃"字，本义为用刀劈斫，后演变为前驱先路，"刃"后变为"创"，引申为开始做、开创之意。"文""创"二字结合，可以归纳为文化的创意之路。徜徉在历史长廊之中，中国文创产品在自然与社会创新、进化的同时，受到外国的影响，渐渐成其今貌，不断传承由华夏风土孕育出的风格。

审视今天，我们对文化创意产品的情感认知以及围绕它的用户体验正在发生急剧变化。旧的思想和器物被推翻淘汰，新的思维和产品也不断被打散重建，文创产品在移动端活跃的"互联网+"新时代成了与衣食住行一样的常备消费品。如此这般急剧的变化，在中国历史上未曾有过。随着近代产业的发展与所谓西式生活方式的引进，人们对于文化的意识也逐渐变化，直至今日仍未停止。

观望未来，文创产品不只是器皿，还给人带来视觉的享受和心灵的喜悦，人们也因此对其产生眷恋，从而产生丰富的心灵活动。文创与音乐、绘画、雕塑等艺术形态会产生融合与交互，它们都是人类丰富的心灵活动的产物。创造文创的人，体验文创的人，所有这些元素有序地交互，就形成了文化。随着社会结构渐趋复杂，高度的文明开始产生，文创成为文化的条件也逐渐苛刻。科技的发展，使得文创体验从实物推进至虚拟，到未来，有许多维度空间乃至宇宙空间，都会成为人们体验文创之场所。

综上所述，不管在哪个时代，文化创意设计都反映了当时的社会现象。从这个意义上讲，它可以说是时代和文化的结晶。

第二章 文创产品设计的
发展现状与展望

近年来，"文创+"涉足各个领域，一直爆款频出，广受消费者热捧。所谓跨界，是把一些原本毫不相干的元素融合起来，通过元素的相互渗透，彰显出一种新锐的态度，并取得消费者的好感，是对潜在消费者内心中的需求进行聚合。如果能够紧密地结合用户内心的需求，将会使营销事半功倍。

第一节 外国文创设计产业的发展现状

一、英国文化创意产业的发展现状

（一）发展概述

英国是世界上第一个提出"创意产业"概念的国家，也是第一个利用公共政策推动文化创意产业发展的国家。

近20年来，在政府的引导和推动下，英国创意产业增加值占GDP的比重超过7%，且每年都以高于5%的速度在增长，总收益增长9.4%，成为英国增速最快的产业。从事创意产业的企业超过10万家，从业人员200多万人，占英国就业总数的8%以上，居各产业之首。

（二）主要文化创意产业

1. 设计、时尚产业

从家具到F1，英国是时尚设计的领导者，英国设计行业充满热情和创造力，却不失兼容并包的特质。

英国设计行业在许多领域都处于全球领先地位，尤其是品牌和通信、产品设计、室内设计、多媒体和网页设计几个方面。它在设计和开发视频、游戏、数字空间和互联网方面也很受欢迎。

2. 音乐产业

英国音乐产业拥有强大而成熟的演奏机制。英国有几千家公司，几千位专业音乐制作人，几百家录音室和音乐协会。英国音乐人的数量极多。英国还主办了格林德伯恩和格拉斯顿伯里当代表演艺术节等世界音乐节，音乐在世界各地传播。

3. 表演艺术产业

英国戏剧在创新、表演质量、数量等方面都有很高的水平。伦敦西区已成为英国戏剧中心的代名词。与百老汇、纽约一样，英国是世界上最大的剧院中心之一。许多英国经典剧集都带来了强大的品牌影响力，如音乐剧《猫》《歌剧魅影》和《母亲》吸引了全世界数百万观众观看演出并引起轰动。

图2-1　英国城市文创产品（自摄）

（三）英国文化创意产业的发展措施

1. 成立文化创意产业规划小组

强有力的政府支持是英国文化和创意产业成功发展的关键。英国政府非常重视文化和创意产业的发展。从一开始，就成立了一个由首相领导的特别团队。部长们协调、管理和规划文化创意产业的发展，为文化创意产业的发展创造有利的外部环境。

2. 注重培养文化创意产业人才

参与文化和创意产业的杰出人才是英国文化和创意产业可持续发展和健康发展的重要因素。英国很重视技术工人的培训。政府通过论坛等方式成为大学与文化创意机构之间的桥梁。同时，根据文化创意产业的要求，高校及时为学生增加相关课程。此外，英国政府还利用网络资源及其他教育和培训设施，及时与英国文化和创意人才交流，不断提高人才水平。

二、美国文化创意产业的发展现状

（一）发展概述

在美国，被称为版权行业的文化和创意产业分为四大类：核心版权行业、部分版权产业、交叉版权产业、相关版权产业。美国对创意产业没有明确的定义，也没有明确的文化政策，但这并不能阻止美国文化和创意产业的快速发展。近年来，美国版权产业为美国经济贡献了万亿美元的附加值，这是美国经济不可否认的行业支柱，其中，美国的主要附加值是版权行业达到一千万亿美元，部分版权行业达到三百亿美元，整个版权行业达到四千万亿美元。美国是世界上最大的文化和创意产业国家。

（二）主要文化创意产业

1.影视制作

大多数美国电影公司关注好莱坞，好莱坞已成为电影业的象征。时代华纳（Time Warner）、沃尔特·迪士尼（Walt Disney）、米高梅（MGM）、20世纪福克斯（20th Century Fox）等跨国全球媒体公司在美国制作的美国电影仅占全球制作的6%，而市场份额高达80%。

2.图书出版业

美国出版业非常重视书籍的推广和营销。他们在畅销书销售方面有着丰富的经验，并有着全面的市场化运作机制。从广告、媒体和强化策略的角度，重点强调真实影响的重要性，通过全方位媒体、广告和战略广告提高书籍的清晰度和吸引力。

3.软件产业

美国是一个软件强国，其软件产品占全球市场份额的60%以上。它还控制着核心软件生产平台的软件开发，并占据软件行业的顶端。占据世界领先地位的全球经济发展战略、成熟的市场环境和丰富的技术资源，能够使美国以创新技术为目标，积极发展高端软件产业。

（三）美国文化创意产业的发展措施

1.注重高科技的投入

在美国，拥有相对完善的市场机制，一旦文化创意产业拥有良好的投资机会，就有可能获得高价值技术支持。相反，在文化创意产业取得成功后，将继续支持对其研发的投资。文化创意产业在良性循环中相互加强和共同发展。

2.鼓励大型文化集团发展

为了发展文化和创意产业并扩大其在全球市场上的影响力，美国鼓励大型文化群体的融合，并增强跨国文化群体的全球竞争力，如时代华纳、迪士尼等。

3. 加强立法，重视版权保护

美国第一部版权法可追溯到1790年，然后是1976年通过的新版权法。与此同时，一些版权法，如半导体芯片保护法，世纪数字版权法，防止电子盗版、伪造设备访问法，计算机欺诈和滥用法构成了世界上最广泛的保护。

三、日本文化创意产业的发展现状

（一）发展概述

日本在1995年发表了题为《新文化立国：冠以振兴文化的几个重要策略》的报告，提出21世纪"文化立国"的战略方针，计划通过产业运作方式大力扶持、发展文化创意产业，并于2003年制定了观光立国战略，2004年颁布了《文化产品创造、保护及活用促进基本法》。总的来说，日本一直都将发展文化创意产业提升到国家战略的高度，对其十分重视。

（二）主要文化创意产业

1. 动漫产业

日本拥有多家动漫制作公司，同时也汇聚了一大批世界顶尖的漫画大师、动漫导演和动画绘制者。传媒手段的不断进步和完善，为日本动漫市场的开拓和延续提供了良好的条件。

2. 电子游戏产业

从20世纪60年代初"街机"上市，到六七十年代之间开发"家用游戏机"，再到八九十年代的"掌上游戏机"，经过30多年的耕耘，日本已经把电子游戏这棵"摇钱树"培育成第一时尚娱乐产业，在全球业界曾产生过垄断性的影响。

日本最著名的游戏制作公司任天堂，是世界顶尖的游戏机公司。它开发和推广的王牌游戏"超级马里奥"系列风靡全球150多个国家；另一个风靡全球的游戏"俄罗斯方块"也毫不逊色。之后，任天堂的主要业务逐渐转向电子产品方面，研制出影响巨大的Famicom任天堂游戏机，使之迅速成为全球最大的电视游戏公司。随后，Super Famicom、N64、Game Cube、wi等主机的问世，更强化了任天堂在电视游戏界的地位。

（三）日本文化创意产业的发展措施

1. 政府主导成立文化创意产业投资基金

2000年，为了促进文化和创意产业的发展，日本政府、联邦银行、证券公司和其他私营部门机构共同成立了创意产业投资基金。自那时以来，日本政府采取了多项措施，包括建立战略投资银行。此外，政府还制定了吸引私人资本投资文化和创意产业的政策，并扩大了文化和创意产业的融资来源。经验表明，日本私人资本在文化和创意产业的发展中发挥着越来越重要的作用。

2. 发挥民间行业协会的推动作用

与其他国家不同，日本有许多文化协会，几乎所有这些协会都是独立的组织或机构。这些自治组织或机构作为法人存在，负责规范相关行业的行为并保护其成员的合法权利。它类似于扩大的政府组织。

3. 注重海外市场的开拓

日本政府高度重视向国外出口文化和创意产品。一方面，国家战略明确规定，日本政府和驻外使馆有责任鼓励开放文化创意市场，积极帮助企业走出去探索国外市场。另一方面，成立了一个特别机构，以打击盗版行为，提升日本文化和创意产品在国外的形象，保护日本文化和创意产品的利益，防止滥用国外市场并鼓励向日本出口文化和创意产品。

第二节　中国文创设计产业的发展现状

一、我国文化创意产业的兴起

进入21世纪，文化产业在一系列政策支持下得到飞速发展。2000年10月，党的第十五届五中全会通过《中共中央关于制定国民经济和社会发展第十个五年计划的建议》，第一次在中央正式文件中提出了"文化产业"这一概念，要求"完善文化产业政策，加强文化市场建设和管理，推动有关文化产业发展……引导文化娱乐、教育培训、体育健身卫生保健等产业发展，满足服务性消费需求"。

中国开启了文化产业发展的新阶段。这一时期，一些中小城市，特别是中西部的省会城市开始了文化产业的引进与发展。一方面，这些城市继续发展其制造业，尤其是高端制造业，以保持中国的实体经济的产值在整个国民经济产值中的份额，同时接纳东部地区制造业的区域转移；另一方面，这些城市还可以发挥其资源集中、人才云集的优势，发展文化产业。

二、我国文化创意产业的发展现状

（一）文化创意产业空间布局轮廓日益清晰

近年来，随着社会经济的快速发展和文化创意产业的崛起，文化创意产业空间布局呈现出日益清晰的轮廓。这一趋势既反映了文化创意产业在经济发展中的日益重要地位，也展示了不同地区在该领域的独特优势和特色。

首先，大城市成为文化创意产业的聚集地。大城市通常拥有丰富的文化资源、创新人才和国际化的氛围，这使得它们成为文化创意产业的理想生态环境。例如，伦敦的创意园区、东京的艺术街区以及纽约的时尚设计中心，都是世界级的文化创意产业集聚地。这些城市的空间布局不仅体现了文化创意产业在城市经济结构中的引领地位，也为创意人才提供了更多的合作机会和创新空间。

其次，新兴城市逐渐崭露头角。随着城市化的不断推进，一些新兴城市开始崛起为文化创意产业的新热点。这些城市可能在传统文化、历史底蕴或地方特色上具备独特优势，通过发展文化创意产业来提升城市形象和吸引人才。中国的深圳、上海浦东新区等地，就在文化创意领域取得了显著的成就，吸引了大量创意企业和项目落户。

再者，文化创意园区逐渐兴起。为了更好地支持文化创意产业的发展，各地纷纷建设文化创意园区，成为创意企业的孵化地和集聚区。这些园区通常具备良好的基础设施、产业支持政策以及创新氛围，为创意人才提供了理想的工作和生活环境。例如，北京798艺术区、伦敦东区创意园等地成为了文化创意产业的孵化器，推动了本地区文创产业的繁荣。

最后，国际化合作助推文化创意全球化。随着全球经济一体化的深入发展，文化创意产业也在国际间形成密切的联系。跨国合作、文化交流促使文化创意产业的空间布局更加全球化。各国在文化创意领域的合作助力于全球创意产业的共同繁荣，推动了文化产品和服务的跨国流通。

（二）产业内容体现本土化、差异化

在中国不同地区和城市发展文化创意产业的过程中，我们应该重视研究和整合当地文化遗产和资源，创新促进融合，将当地特色融入创意，逐步形成自己独特的产业理念和特色。

首先体现在本土文化挖掘。在文化创意产品的设计和制作中，企业和创作者更加注重挖掘中国本土文化的精髓，将传统文化与现代创意相结合。例如，将中国传统艺术如国画、书法、剪纸等融入现代设计，打造出既具有中国特色又符合当代审美的文创产品。

其次是地域特色展现。各地区依托自身独特的地理、历史、民俗等特点，发展出具有鲜明地域特色的文化创意产业。例如，四川火锅、北京簋街胡同文化等地域性文化元素被广泛运用到文创产品中，展示了各地区的独特魅力。

再次是差异化内容创作。在影视、动漫、游戏等领域，中国文化创意产业逐渐摆脱对外国作品的模仿，转向创作具有中国特色和风格的原创作品。如近年来涌现出的《哪吒之魔童降世》《长津湖》等热门影片，以及《王者荣耀》《原神》等知名游戏，都展现了中国文化创意产业差异化的创作成果。

当然还有新兴文化形态融合。随着互联网、人工智能等新兴技术的发展，中国文化创意产业也在不断尝试将这些技术与本土文化相融合，打造出新型的文化产品和体验。例如，利用虚拟现实（VR）技术重现故宫博物院的历史场景，让观众在沉浸式体验中感受中国传统文化的魅力。

还有，民间传统与现代审美结合。中国文化创意产业在传承民间传统的同时，注重与现代审美相结合，创新出符合时代特征的文创产品。如将传统的非物质文化遗产项目皮影戏、泥人张等融入当代设计，为传统文化注入新的活力。

中国文化创意产业在内容上体现出本土化和差异化的特点，这有利于传承和弘扬中国传统文化，展示中国文化的独特魅力，同时也有助于提升中国文化创意产业的国际竞争力。

（三）存在的问题

随着我国经济的快速发展，文化创意产业作为一个新兴的经济增长点备受关注。然而，在迅猛发展的同时，我们也不可忽视文化创意产业面临的一系列问题。这些问题既包括内部矛盾，也涉及外部环境，需要全社会的共同努力来解决。

首先，我国文化创意产业面临着创意不足的挑战。虽然我国拥有悠久的文化传统和庞大的人口基数，但在创意方面与国际先进水平相比，仍存在一定差距。在一些文化创意产品和项目中，缺乏独创性和前瞻性，难以在全球市场上脱颖而出。因此，急需加强创意人才的培养和引进，激发更多的原创力和创新力。

其次，文化创意产业的结构存在不均衡的问题。目前，文化创意产业发展不平衡，主要集中在一线城市和部分发达地区，而中西部地区和农村地区相对滞后。这种不均衡发展导致了资源的过度集聚，一些有潜力的地区难以充分发挥其文化创意产业的优势。因此，需要通过政策引导和投资扶持，推动文化创意产业在全国范围内实现均衡发展。

最后，知识产权保护不力是制约文化创意产业发展的另一大问题。在数字化时代，信息传播迅速，文化创意产品的知识产权常常受到侵权和盗版的威胁。缺乏有效的法律手段和技术手段来保护创意成果，使得创作者的积极性受到一定程度的打击。政府和企业需要共同努力，建立健全的知识产权保护体系，维护文化创意产业的健康发展。

此外，融资难、市场营销不足、人才流失等问题也困扰着我国的文化创意产业。要解决这些问题，需要政府、企业、学术界和社会各界的共同努力。政府可以通过制定更加有利于文化创意产业发展的政策，提供更多的财政支持和税收优惠。企业可以加强创新管理，提升市场竞争力。学术界可以深入研究创意理论和方法，为产业提供更多的理论支持。社会各界可以提高对文化创意产业的认知度，支持原创文化产品，形成全社会关心和支持文化创意产业的浓厚氛围。

第三节　文创产品设计的展望

一、既有深刻的地域文化内涵，又兼顾创新设计

地域文化是一个地区独有的精神符号和审美表达，在创意设计中扮演着至关重要的角色。深入挖掘和理解传统习俗以及民间文化，是设计师打造独特文化创意产品的重要基石。这种传承与创新的结合不仅在产品中反映出地域特色，也为文化的传播和交流注入了新的活力。

在文化创意设计的过程中，技术与文化内涵并重。技术的应用固然重要，但更需要理解区域文化的内在精髓。创新并不意味着抛弃传统，而是在保留独特文化价值的同时，赋予其新的生命和表达方式。设计师应该在创新中不断寻找平衡，坚守文化根基的同时保持前沿的设计理念。

例如国家博物馆的文化创意产品展示了这种平衡的取舍。通过"御猫"和"格格"等形象的创新设计，成功地吸引了公众的目光，让传统与现代相结合。这种充满活力和趣味性的设计成了文化传播的桥梁，使人们更加亲近并理解传统文化的魅力。

地域文化与创意设计的结合，需要设计师跳出传统思维的束缚，保持开放心态并敢于尝试。只有如此，才能创造出富有当地特色的文化创意产品，促进文化的传承与发展，满足人们对美的追求和精神需求。

二、科技与设计相结合

在当今社会，科技的迅速发展不仅改变了我们的生活方式，也为文创产品的设计提供了前所未有的机遇。科技与设计的巧妙结合，不仅推动了文创产业的创新，也为消费者带来了全新的体验。

首先，科技为文创产品注入了更多的创意和可能性。通过融入虚拟现实（VR）和增强现实（AR）等技术，设计师可以打破传统产品的局限，创造出更具沉浸感和互动性的作品。例如，一些文创产品通过AR技术，使用户能够在现实中与虚拟元素进行互动，为用户带来更丰富的感官体验。

其次，科技的智能化应用为文创产品设计带来了更多的便利。智能硬件的嵌入，使得文创产品不再仅限于传统的装饰性功能，而是能够更好地满足人们实际需求。例如，一些智能文创产品可以通过感应技术与用户进行互动，根据用户的习惯和需求进行智能调整，提升了产品的实用性和个性化体验。

此外，科技还为文创产品的生产和制作提供了更高效的手段。3D打印、数字化设计等技术的应用，使得设计师可以更灵活地创造出独特的产品，并且能够更便捷地进行小批量生产。这不仅加速了产品的上市速度，也降低了生产成本，为文创产业的可持续发展提供了更为可行的途径。

科技与设计相结合也带来了一些挑战。其中之一是在技术更新迅猛的情况下，设计师需要不断学习新的技能，以适应科技发展的步伐。此外，随着科技应用的扩大，也涌现出一些伦理和隐私的问题，需要在设计中引入更为细致的考虑。

三、紧随时代、紧跟市场，树立新型的文创产品营销理念

随着科技与全球化的飞速发展，文化创意产业正迎来前所未有的机遇。在这个竞争激烈的市场中，紧随时代、紧跟市场是树立新型文创产品营销理念的关键。为了在激烈的市场竞争中脱颖而出，文化创意产业需要树立新型的营销理念。

（1）用户至上。把用户需求放在第一位，深入了解用户的喜好、文化背景和消费习惯，从而创作出更符合用户期望的文创产品。同时，注重用户体验，提供优质的售前、售中和售后服务，建立良好的用户口碑。

（2）品牌意识。树立独特的品牌形象，通过创意独特的产品设计、有趣的品牌故事和一致的品牌调性来吸引目标客户。同时，积极参与社会公益活动，展现企业的社会责任，提升品牌美誉度。

（3）内容营销。充分利用文字、图片、视频等多种媒介形式，创作高质量的内容，将产品与有趣、具有价值的信息相结合，激发用户的兴趣和购买欲望。同时，运用社交媒体、自媒体等平台，实现内容的传播和互动。

（4）跨界合作。寻求与其他产业、领域的合作伙伴开展跨界合作，以实现资源共享、互补优势和创新突破。例如，与影视、游戏、旅游等产业开展合作，共同推出联名产品，提升产品的吸引力和影响力。

（5）数据驱动。运用大数据、人工智能等技术，对用户行为、市场趋势等进行深入挖掘和分析，为产品创新、营销策略提供有力支持。通过数据分析，制定更精准的市场定位、产品策略和营销方案。

（6）线上线下融合，社交电商与直播带货。结合当下流行的社交电商和网络直播模式，运用短视频、直播平台等方式，让网红、意见领袖等对文创产品进行推广，提高产品知名度和销量。在发挥电商平台优势的同时，注重线下实体店的布局和体验，打造线上线下一体化的购物体验。通过线下体验店、展览、活动等形式，让消费者更直观地了解产品特点，增强产品亲和力。

四、开发数字文创产品，提升产品科技含量

在当今时代，科技的快速发展和数字化浪潮推动了文化创意产业的进步与创新。3D打印、虚拟现实、AI人工智能等技术正在广泛应用，移动数字消费满足了审美需求。这种现代的人力资本消费文化促进了世界文化产业的新结构调整和完善，为文化创意与文化设施的发展提供了新的动力。

在这一趋势下，数字产品的发展已成为未来的焦点。例如，许多图书馆已经开始研究和建立数字图书馆，充分利用现代科技，如国家图书馆与阿里巴巴人工智能实验室合作开发便携式"翰香书墨"文具盒，利用人工智能技术收集和展示一系列资源。这种努力有助于提高公众对科学、技术以及文化产品的认识，并且为消费者提供了更多元化的获取途径，推动了多元文化与技术融合的趋势。

未来，社区图书馆应当广泛采用虚拟现实、混合现实、3D建模和动画演示等数字技术，以展示更多3D和动态图像，并收集文档与创意元素。这种做法有助于提升民众对科技的认知，同时也增加了文化产品的获取机会。例如，图书馆可以开发数字"创建应用程序"，能够在各类移动终端上运行，利用不同的数字技术在线上建立完整的图书馆和其他文化资源，以生动、立体且直观的方式展示给消费者。

这些努力不仅可以增加文化产品的科技含量，还可以加强消费者在文化与技术领域的经验积累。通过数字化、视觉化的展示和获取方式，人们将更加深入地了解到文化产品的内涵与价值，也将促进文化和科技在消费者心中的融合。

在总体上，数字科技为文化创意产业的发展注入了新的动力和活力。通过充分利用3D打印、虚拟现实、人工智能等技术，以及持续推动数字化产品的创新和发展，我们能够更好地激发文化创意产业的活力，提升产品科技含量，促进文化和科技的有机融合，从而推动社会文化的发展与进步。

五、加强与陈列展览、阅读推广等主流业务的融合

文创产业加强与陈列展览、阅读推广等主流业务的融合，可以提高文创产品的知名度和影响力，同时也有助于推动传统文化的传承和创新。它可以分为几个板块。（1）陈列展览：文创产业可以通过与博物馆、图书馆等机构合作，将文创产品的设计理念和文化内涵与展览主题相结合，推出相关主题展览，增强文创产品的知名度和文化影响力。（2）阅读推广：文创产业可以推出相关主题的书籍、杂志等阅读材料，将文创产品的设计理念和文化内涵与阅读推广相结合，提高文创产品的知名度和文化影响力。（3）活动推广：文创产业可以通过与相关机构合作，推出相关主题的活动，如文化讲座、文化体验、文化交流等，将文创产品的设计理念和文化内涵与活动推广相结合，提高文创产品的知名度和文化影响力。（4）电子商务平台：文创产业可以通过电子商务平台，将文创产品与传统文化产品相结合，推出相关主题的产品，如文化礼品、文化餐饮等，提高文创产品的知名度和文化影响力。

六、开设文创空间，加强互动、交流、体验

空间结构不仅仅是一种布局，更是产品营销的重要组成部分。通过空间思维，我们可以为创新产品的开发提供新的视角，成为新的增长点。此外，一个吸引人的空间布局也可以为社区或城市创造一个文化和创意交流的场所。为了吸引更多人参与，我们需要考虑如何设计空间布局。采用明亮的色

彩和有趣的家具可以吸引人们的注意力。此外，在空间内设置不同的区域，如创意工作室、展示区、阅读角落等，可以创造出多样性的体验，满足不同人群的兴趣。

文创空间的魅力不仅仅在于其空间布局，还在于提供多种多样的活动和体验项目。从艺术展览、手工制作课程到文学分享会、音乐表演，文创空间可以成为各种创意活动的举办地，吸引不同年龄段和兴趣爱好的人，帮助他们更好地了解文化和创意产业。

与当地社区建立合作伙伴关系是推动文创空间发展的关键一步。通过与文化中心、艺术团体、学校和企业等建立联系，可以共同举办活动、展览和工作坊，促进文化和创意的交流。这样的合作不仅可以扩大影响力，还为社区和城市创造更多的文化和创意价值。

社交媒体是现代宣传的重要工具。通过在微博、抖音、小红书等平台发布有趣的内容，如活动预告、照片、视频等，可以迅速扩大知名度，并吸引更多的人参与活动。与参与者的互动也是关键，通过回答问题、分享感受，建立更紧密的联系，使社交媒体成为文创空间宣传的有效渠道。

为了不断改进和提高文创空间的质量，建立一个反馈机制至关重要。通过在线调查、反馈表和面对面交流等方式，听取参与者的意见和建议，可以更好地了解他们的需求和期望，从而优化活动和体验项目，保持空间的吸引力和活力。

七、深化文旅融合背景下的跨界合作

2018年文化和旅游部的成立代表了文化旅游业深度融合的趋势，为现代文创和旅游业的融合与发展创造了新的社会氛围和生态系统，为文化产品的发展提供了良好的机会。

深化文旅融合背景下的跨界合作，是指在文化和旅游产业融合发展的背景下，不同领域的企业和机构之间进行跨界合作，共同推动文化旅游产业的发展和创新。

可以从几个方面进行融合：文化和旅游景区可以相互融合，将文化资源与旅游景点相结合，推出更具有特色和文化内涵的旅游产品和服务；加强旅游企业与文化机构的合作，旅游企业可以与文化机构合作，推出更具有文化内涵和创意的旅游产品，如文化主题旅游、文化体验旅游等；强化艺术与旅游的融合，艺术和旅游可以相互融合，将艺术品和艺术体验与旅游相结合，推出更具有艺术魅力和文化内涵的旅游产品和服务，大力发展文创与旅游的融合，文创产业可以与旅游产业相结合，将文化创意和旅游相结合，推出更具有文化内涵和创意的旅游产品和服务。

在文化融合和旅游业的背景下，文化和创意产品的开发应侧重于加强和旅游机构之间的跨界合作。具体而言，应与风景区合作，将历史、人文、风景、习俗和传统等旅游元素融入文化创意产品的设计中，并开发具有文化意义的手工艺品。此外，还可以在上述旅游机构、旅游景点设立实体商店、专卖店和自动售货机，增强社会影响力和品牌影响力。

第四节　文创产品产业化的发展策略

一、熟悉文创产品产业化的相关政策

目前，中国文化创意产业存在许多问题，如资本、技术、人才流动、国内保护主义壁垒等。这需要国家干预和制定适当的支持政策，为其发展创造有利环境。

（一）产业政策的分类

根据各种公共政策目标，产业政策可分为产业结构政策、产业组织政策、产业布局政策和产业技术政策。

1.产业结构政策

产业结构政策是指政府政策。根据某一时期产业结构的现状，遵循产业结构演进的一般规律，发展目标是根据产业结构变化目标的要求规划的，实现产业链的发展，加强最重要资源的配置，实现产业结构的合理化。

产业结构调整的主要内容是确定产业结构目标、产业发展顺序，分阶段确定战略重点产业，以选择主导产业，将社会资源分配给广阔的市场前景以及产品收入的高度灵活性行业，同时鼓励衰退行业退出。实现调整产业结构，提高产业国际竞争力，引导国民经济快速发展，实现最佳经济效益的合理目标。

2.产业组织政策

产业组织政策是规范产业市场结构和市场行为的所有政策，旨在加强行业内公司之间的沟通，实现资源配置的合理化。其目的是协调自由竞争与商业之间的关系。

产业组织的政策主要包括反垄断政策、促进竞争、促进建立和形成大规模生产体系以及促进中小企业发展。产业应通过协调市场经济的规模，建立正常的市场体系，提高市场竞争与效率。

3.产业布局政策

产业布局政策是工业空间规划的总和，是政府根据国民经济和区域经济发展要求制定的区域经济协调发展措施的结合。目的是适应区域产业结构和组织，充分发挥区域优势，提高整体经济效率。

产业布局政策是区域政治体系的重要组成部分。主要内容包括：制定区域发展计划，确定发展方向。重点关注关键领域，创造集团效应，发展基础设施，改善工业发展条件。

4.产业技术政策

一般而言，产业技术政策包括研发援助政策、高科技激励政策和技术引进政策。研发援助政策主要是支持研发新产品、新工艺和新材料。高科技刺激政策是促进高科技制造和商业化的措施。技术引进政策是缩小工业技术和技术之间的差距，通过引进技术、吸收和进口技术人员实现国际先进。

（二）文创产业政策具体内容

1.扶持政策

（1）税收优惠政策

文创行业属于文化产业，享受许多优惠税收政策，包括增值税、所得税、公司税等，国家为文化和创意产业的发展、控制和免税创造了有利环境。

（2）建立产业专项资金

为了设立一个特别基金，中央和地方政府已采取措施确保文化和创意产业的发展。主要有：动漫产业专项发展资金，电影事业发展专项资金，电视文创发展专项资金。

此外，中央政府还大力推动中国本土动漫产业的发展，设立专项基金支持本土动漫产业发展。文化"原创动漫软件支持"，以700万元人民币的自有方式向10位获奖原创动漫、10位创作者（团队）、10位至20位获奖原创性动漫作品、10位动漫表演创作者（团队）、30名获奖原创动画在线作品和30名获奖网络动漫创作者（小组）提供支持。

2.产业集中政策

为了加强产业集群，各级政府制定了优惠的产业政策，吸引动漫企业生存，形成了两极分化的影响，改变了文创产业基地建设的地方特色。

各省、自治区、直辖市对动漫产业的重视程度不同，但许多地方政府已开始考虑打造文化动漫产业。就区域经济或新的经济增长点而言，推动文化动漫产业发展，形成集群产业。

3.提供资本支持

（1）上市融资

优先安排符合条件的文创企业境内上市融资，并扩大对文化机构的直接融资。这种方法仅适用于具有创新模式的创意公司，文化利润明显，发展潜力巨大。

（2）担保服务

为了加强对文化和创意产业的融资，国家和政府采取了资金管理措施，以确保文化和创意产业；为文化和创意项目提供担保，促进银行贷款和融资文化和创意项目。而地方政府层面，需要对政策加以实施。

（3）促进产权交易

产权相关交易是指文化和创意产品所有者全部或部分转让其资产所有权、管理权、收入和相关权利的经济活动。交易主要包括股权类、项目资产类、虚拟游戏装备类、文创游戏商品化权类和文创游戏经济权类等。

（4）专项资金设立

从2006年，国家每年拨款2亿元支持文化创意产业。广播电视局、文化和旅游部还设立了文化创意发展特别基金和其他基金和奖项。地方政府还提供了支持文化和创意产业发展的具体措施。从中央政府到地方政府，支持在全国范围内实施的特殊项目，为展示文化和创意产业提供了更好的空间。

二、加大文创产业中衍生品的开发和营销

对于许多人来说，文创衍生品在过去两三年里已经成为一个新名词，设计团队现在正在研究文创行业。此前，没有人认为文创电影可以赚钱。然而文化创意产业确实是一个巨大的产业，已经成为一些发达国家的经济支柱，但中国的文化创意产业仍处于起步阶段。

（一）我国文创衍生产品市场现状分析

通过对公开数据、国内文创片制作、市场衍生品和行业专家的调查、访谈和分析，中国市场衍生品的现状有四个特点和问题。

（1）尽管中国有大量年轻人，但其消费文化衍生品的能力非常有限，而

且分布不均，主要集中在北京、上海、广州、重庆等地。

首先，文创及其消费衍生产品集中在城市地区。其次，尽管中国人的生活水平有了显著提高，但设计团队必须清楚地认识到，在评估中国文化市场的能力时，有必要考虑实际的市场机会和消费能力，做出准确合理的定位评估。

（2）文化创新缺乏有影响力的文化创新形象，衍生产品可以开发并在创新文化市场上运行的电影很少。

义乌是国际文化格局和创意产业的"缩影"，我们可以从中看到动画衍生品发展和营销的总体格局。义乌的小商品市场价值约300亿元，约为世界的1/3。根据贸易协会的统计数据，外国动画产品占市场的95%。按国内产品的成本计算，外国动画产品的年产量近95亿元人民币，而国内动画产品的年销售额仅为5亿元。换句话说，如果设计团队将动画衍生品市场与大块蛋糕进行比较，95%的市场将被切割，只有5%可以被设计团队"吃掉"。

（3）盗版的蔓延严重阻碍了中国衍生品市场的健康进程和文化创意发展。

疯狂的盗版产品占据了文化和创意市场，严重降低了正版制品的市场份额，导致市场文化和创意混乱，法律开发商难以获利。许多打算通过卡通品牌许可证进入文化和创意衍生品行业的公司必须避免这种类型盗版，一些弱小的中小企业不敢进入。盗版的猖獗蔓延严重阻碍了中国文化和创意衍生品市场的发展。

（二）文创衍生产品的开发

1. 文创衍生产品开发的多样性

在美国，文化衍生产品已经发展了70多年，形成了广泛的衍生产品体系和合理有效的发展战略。设计团队必须坚持分析、学习和进行更好的选择。

衍生产品的类型可以分为三类：第一类是产品内容，第二类是衍生产品形象，第三类是综合类。但在中国，衍生品的发展才刚刚起步，远远没有打开思路。

2. 文创衍生产品开发的准确性

随着文创产业的崛起，衍生产品的开发成为各地电影及文化作品的常见手段。然而，实际情况表明，成功的衍生产品并非易得，其开发需要更多的关注与准确性。在众多尝试中，一些项目未能获得市场认可或实现预期经济效益，这在很大程度上是因为并非所有项目都适合成为文创产品。

以《名侦探柯南》为例，虽然它是一个故事情节紧凑、想法新颖的作品，但在产品开发方面却面临挑战，尤其是对于玩具产品的开发。由于柯南形象被描绘成真实而积极，而非引人入胜的有趣形象，难以满足玩具市场的需求。这提示我们，一个故事的成功并不意味着所有衍生产品都能成功。

关键在于理解文化作品的特质以及市场的需求。《名侦探柯南》之所以在书籍和视频游戏市场取得成功，是因为其强有力的故事情节能够很有逻辑地引导侦探思维，吸引了14岁以上的年轻读者和观众。这种理解使得文创产品的开发更具有针对性，更贴近目标受众的兴趣点。

因此，在文创衍生产品开发过程中，准确把握市场需求，深入挖掘文化作品的特质，是取得成功的关键。不同类型的作品适合开发不同种类的衍生产品，而这种准确性需要开发团队在产品设计初期就进行深入的市场调研和用户分析。只有真正理解受众需求，才能创造出能够被市场认可、实现经济效益的文创衍生产品。

3. 办好"动漫会展"，打造文创产业宣传、交流平台

动画展览是一种特殊类型的文化项目，具有强大的诚信和影响力。受动画文化的影响，它创造了一个巨大的市场来增强其作用。然而，设计团队也必须看到由于巨额利润，本地动画展览表现往往在空间和时间上过度集中和重叠，各种动漫会展显示出类似的内容。有些会展似乎没有职业规划，内容混乱。

如何充分利用"动画"展览，引起了中国政府的极大关注。2005年6月，第一届国际文化创意节在杭州市成功举行，并决定每年举行招标。有了这个平台，不仅文化和创意制作和广播部门可以更好地沟通，开发人员还可以从中找到具有发展价值的衍生品。通过这个平台，国际文化创意产业的从业人

员见证了中国文化创意产业的巨大潜力，客观地增强了他们与设计团队合作的信心，为中国文化创意产业进入国际市场铺平了道路。

三、加强文博类文化产品创新发展

（一）结合馆藏资源开发具有创意性产品

文化馆、博物馆等文化机构不仅是保存历史和文化遗产的场所，更是激发创意的源泉。结合馆藏资源开发具有创意性产品，既能赋予文物新的生命，也能为社会提供独特的文化体验。

馆藏资源包含了丰富的历史、文化、艺术信息，是创意的宝库。要深入挖掘馆藏，了解其中蕴含的故事、意义和独特之处。对文物的深入研究，可以找到启发创意的灵感，从而为产品开发提供丰富的素材。

在发掘了馆藏资源的创意潜力后，接下来是将这些元素融入产品开发中。这包括设计独特的手工艺品、创意文创产品、数字化体验等。例如，可以将历史照片制作成文创明信片，设计以文物为灵感的手工艺品，或者开发一个基于文化故事的虚拟现实应用程序。通过产品开发，可以将馆藏资源呈现在更广泛的受众面前，实现文化的创新传承。

创意性产品的开发要突破传统框架，提供独特的体验。可以考虑与当代艺术家合作，将传统文物与现代艺术相融合，创造出具有时代感的产品。同时，可以结合技术创新，采用虚拟现实、增强现实等技术，为用户带来沉浸式的文化体验，使其更加亲近和了解馆藏文物。

图2-2　英国泰特美术馆周边（自摄）

图2-3 英国泰特美术馆周边（自摄）

（二）引进"博物馆+设计"高素质人才

博物馆不仅是历史的存储库，更是文化传承与创新的重要载体。为了更好地展示、诠释和传播文化遗产，引进博物馆与设计领域高素质人才至关重要。

博物馆与设计之间存在着天然的联系。设计不仅仅是外观和形式，更是一种思维方式，是将创意与实用相结合的过程。博物馆需要设计的眼光和理念，以更好地展示文物，打造沉浸式的参观体验。因此，将设计师的创造性和审美观念融入博物馆的展示和呈现中，能够为观众提供更丰富、更具吸引力的文化体验。

引进博物馆与设计领域高素质人才对于博物馆的发展至关重要。这些人才不仅具备设计专业知识，还能够深入理解博物馆的使命和文化内涵。他们能够结合自身专业背景，为博物馆的展陈、空间设计、视觉传达等方面带来新的思路和创意，使展览更具吸引力、故事更具连贯性，让观众在参观中获得更丰富的体验。

引进高素质人才不仅能够提升博物馆的展示效果，更能够推动博物馆行业的创新发展。他们的加入可能带来展示方式、教育项目、互动体验等方面的创新，为博物馆注入新的活力。此外，他们对数字化展示、虚拟现实技术的了解也能够帮助博物馆更好地融入当代科技，拓展观众群体，使文化传承更具普适性和亲近感。

（三）利用"互联网+"等新型平台拓宽销售渠道

传统的博物馆销售渠道已不再适应当今快速发展的社会环境。互联网、新媒体等平台的兴起，为文化产品提供了更广泛的传播途径。博物馆如果能够灵活运用这些新型平台，将能够更好地触及年轻人群体，吸引更多的观众参与文化产品的消费和传播。

"互联网+"文化产品销售不仅能够拓宽销售渠道，更能够提高销售效率和触达面。通过新媒体平台，博物馆可以快速传播文化产品的信息，引起公众的关注，尤其是年轻人更倾向于通过互联网获取信息和进行购物，因此，利用"互联网+"销售模式可以更好地满足这一群体的需求。

为了推动博物馆利用"互联网+"拓宽销售渠道，政府在其中发挥着重要的引导作用。政府可以通过颁布相关法律法规，为博物馆提供资金保障，鼓励文化创意博物馆的发展。只有通过政府的深入改革，才能够为博物馆提供一定的政策和财政支持，使其在文化创意领域迈出更大的步伐。

为了实现政府引导的有效性，政府可以积极制定相关政策，提供财政支持，确保博物馆在文化创意领域能够有更多的发展空间。此外，政府还可以组织设计文化创意产品比赛，鼓励博物馆创新设计，为市场提供更多新颖的文化产品。同时，为文化产品的设计和开发设立专项资金，以确保财政安全，使博物馆在销售过程中更具信心和竞争力。

四、融合地域文化元素与文创产品发展

（一）总结经验，扬长避短

从现有的区域文化产品的角度来看，许多文化创意产品设计直接使用地区文化符号，没有创造性的内涵，没有深刻的文化解释，只是停留在表面上。一些文化和创意产品过于追求美观，忽略了地域文化内容。此外，一些文化创意产品的商业利益陷入了"快速、简单、粗糙"的循环，严重影响了行业文化创意的健康发展。

在融合地域文化元素与文创产品发展的过程中，总结经验是至关重要的。需要深入挖掘地域文化的历史、传统和特色，理解其内涵。通过总结过去的经验，我们可以发现文创产品成功的案例，了解失败的原因，从而在新的创作中扬长避短。

例如，一些地方的传统手工艺在文创产品中得到成功转化，通过融入现代设计理念，使传统技艺焕发出新的魅力；而一些未能成功的案例往往是由于过于保守，缺乏创新，没有顺应市场需求。总结这些经验，可以帮助文创从业者更好地把握创作方向，找到适合市场的产品。

（二）精美纯粹，原味传承

在融合地域文化元素时，产品的精美纯粹是确保其成功的关键。产品的外观设计、制作工艺应当考虑到现代审美，使之既具有地域文化的独特性，又能够符合当代人的审美需求。只有在细节上追求精益求精，才能赢得消费者的青睐。

原味传承强调的是在融合过程中保持地域文化的纯正性。不可因为商业考量而对传统进行过度的改编，而应该尊重和传承原有的文化内涵。这样，文创产品才能真正代表当地文化的魅力，使人们在欣赏的过程中感受到历史的厚重和传统的韵味。

地域文化感和艺术感是最有价值的。通过对形式创意设计的解读，我们可以了解地域文化的"原味"，让人们通过文化和创意产品感受到地域文化"接地气"的无穷魅力。例如鼎都香小米包装设计，以"鼎"为设计灵感，造型的包装插图添加了丰富的色彩，描绘了丰收的图像，具有强烈的民族风格，并显示了家庭习俗。

五、重视非物质文化遗产与文创产业的融合

国家近年来越来越重视非物质文化遗产与文创设计的结合，这种结合可以促进非物质文化遗产的传承和保护，同时也为文化创意产业的发展提供了更为广阔的市场空间和发展机遇。中华人民共和国文化和旅游部曾发布通知，鼓励地方政府和文化旅游企业利用非遗资源，推出更具创意和文化内涵的文化创意产品；鼓励利用先进的数字化技术和虚拟现实技术，提高非物质文化遗产保护的科技含量和文化内涵；发布《非物质文化遗产保护法》等，明确非物质文化遗产保护的法律基础和保护要求。加强非物质文化遗产与文创设计的结合，可以推动非物质文化遗产的传承和保护，同时也为文化创意产业的发展提供了更为广阔的市场空间和发展机遇，促进了文化产业的繁荣和创新。

（一）文创设计时域下非物质文化遗产的文化价值

其一，历史价值。非物质文化遗产是人类历史发展的见证和载体，它承载了各个时期人们生产、生活、信仰等方面的信息。在文创设计中，将非物质文化遗产融入设计元素，可以使产品、项目或活动更具历史意义，增强其深度和韵味。其二，艺术价值。非物质文化遗产包括世代相传的传统技艺、民间艺术等，具有很高的艺术价值。文创设计可以将这些独特的艺术形式运用到设计中，使作品具有更高的审美价值和艺术表现力。其三，地域性价值。非物质文化遗产往往具有鲜明的地域特色，反映了不同地区的自然环境、历史背景和民族特点。在文创设计中，将具有地域特色的非物质文化遗

产元素融入其中，可以增强作品的独特性和辨识度，提升其市场竞争力。其四，民族价值。非物质文化遗产承载了各民族的精神文化，展现了民族的传统观念、价值观念和审美情趣。文创设计可以借助非物质文化遗产的民族性价值，传递民族文化特色，促进民族文化的传承与交流。其五，教育价值。非物质文化遗产作为文化传承的重要载体，具有很高的教育价值。文创设计可以将非物质文化遗产的故事、理念和技艺传授给现代人，让更多人了解和认识传统文化，增强文化自觉和文化自信。其六，创新价值。非物质文化遗产与文创设计的结合，可以实现传统与现代、历史与创新的有机融合。文创设计可以借助现代科技手段，对非物质文化遗产进行创新性的改编、演绎和推广，为传统文化注入新的活力。其七，社会价值。非物质文化遗产在文创设计中的运用，有助于提高公众对传统文化的关注度和认同感。将非物质文化遗产融入日常生活中，可以提升人们的文化素养，促进社会和谐与文明进步。

（二）非物质文化遗产与文创设计之间的关系

非物质遗产是指以人为主体的文化传承，包括口头传统和表演艺术、社会实践、风俗习惯以及有关自然和宇宙的知识和实践等。文创产业是指以文化和创意产业为基础，通过创新和创意的结合，打造出具有艺术、文化和经济价值的产品和服务。非物质遗产与文创产业之间有着密切的联系和互动。

1. 非物质遗产是文创产业的重要源头

非物质遗产是文创产业的重要源头，是文创产业的基础。非物质遗产是人们对生活、文化和艺术的创造性表达，包含了丰富的文化内涵和历史沉淀。文创产业可以通过创新和创意的结合，将非物质遗产转化为具有艺术、文化和经济价值的产品和服务。例如，以非物质遗产为基础，设计出具有创意和文化内涵的手工艺品、文创产品等，带动文创产业的发展。

2. 文创产业为非物质遗产的传承和保护提供了新的途径

文创产业为非物质遗产的传承和保护提供了新的途径。文创产业注重对非物质遗产的挖掘、保护和传承，通过创新和创意的方式，为传统的非物质遗产注入新的元素和活力，使其得以传承和发扬。例如，将传统的民间故事、传说、神话等加入文学作品或游戏中，让更多的人了解和传播传统文化，实现非物质遗产的传承。

3. 非物质遗产为文创产业提供了灵感和素材

非物质遗产为文创产业提供了灵感和素材。非物质遗产是文化的体现和精髓，具有丰富的文化内涵和历史沉淀。文创产业可以通过对非物质遗产的挖掘和发掘，获得灵感和素材，创造出具有文化内涵和艺术价值的产品和服务。例如，将传统的民间音乐、舞蹈、戏曲等融入现代音乐、舞蹈、电影等中，创造出具有独特风格和文化内涵的作品。

4. 非物质遗产与文创产业形成了互动和共生的局面

非物质遗产与文创产业形成了互动和共生的局面。非物质遗产为文创产业提供了源头和灵感，文创产业则为非物质遗产的传承和保护提供了新的途径和方式。非物质遗产和文创产业之间的互动和共生，促进了两者的发展和繁荣。例如，文创产业可以通过开发非物质遗产的旅游资源，吸引更多的游客前来体验和了解传统文化，同时也为传承和发扬非物质遗产的作出贡献。

第三章　文创产品创新元素的开发与设计

文创产品的成功离不开创新元素的巧妙融合与设计。在不断追求独特性和市场吸引力的背后，文创产品创新元素的开发是关键一环。通过深入挖掘传统文化的文化内涵，将传统元素与现代审美相融合，创造出独具魅力的设计。从色彩、形状到材质，每一个细节都承载着创作者的独特思考。通过技术手段的巧妙应用，文创产品不仅传承了传统文化，更呈现出前所未有的创新面貌。这个过程既是对过去的致敬，也是对未来的憧憬，为文创产业注入了源源不断的创意活力。

第一节　文创产品创新设计中的字体设计

一、文创产品中重视字体设计形式的表现

数千年来，汉字一直是中国独特的文化符号。文化符号链接用户使用文化和创意产品，使他们直觉地理解和评估产品的文化价值。因此，文化作品可以通过不同类型的字体传播，提高文化作品的有效性和审美价值。

（一）注重字体形式所表现的视觉传达

视觉感知在文化和创意产品中相当重要。视觉信息通过文本、图像和其他方式传播，字体在视觉交流中起着重要作用。产品设计师希望通过设计文化产品来传达文化价值。

因此，在设计和策划文化创意产品时，必须注意产品主题以及字体设计和独特的表达。设计师需要更多地关注视觉效果，合适的字体增加文化创意产品的附加值。视觉字体线条定义了文化创意产品的主要任务、核心价值和市场需求，为观众带来更多的视觉体验。

（1）传递情感与氛围。不同的字体形式能够唤起不同的情感反应，例如，圆润的手写体字可以传递温馨、友好的感觉；而简洁的无衬线字体则给人现代、简约的印象。通过选择合适的字体，设计师可以塑造特定的情感氛围，从而吸引目标受众。

（2）表达品牌与个性。字体形式在很大程度上决定了设计的风格，品牌徽标、海报、宣传册等设计中的字体选择会影响人们对品牌的印象。设计师可以根据品牌定位、企业文化等因素，选择具有特色的字体，突显品牌个性。

（3）增强信息层次。在设计中，字体大小、粗细、颜色等因素可以用来区分信息的重要性，通过调整字体形式，设计师可以强调关键信息，引导观众的阅读顺序，从而实现有效的视觉传达。

（4）优化可读性。在文创设计中，字体形式对于信息的可读性至关重要，设计师需要确保字体清晰易读，避免观众在阅读过程中出现困扰。合适的字体间距、行距等排版细节也会影响信息的传递效果。

（5）提升美学价值。字体形式本身就具有一定的审美价值，独特的字体设计可以使作品更具吸引力，从而提升整体设计的美感。此外，字体形式还可以与其他视觉元素相互融合，创造出富有创意的视觉效果。

在文创设计中，注重字体形式的选择有助于实现有效的视觉传达。设计师需要根据设计目的、品牌定位、受众特点等因素，综合考虑字体形式的运用，以提升设计作品的整体效果。

图3-1　方正多木电竞体1

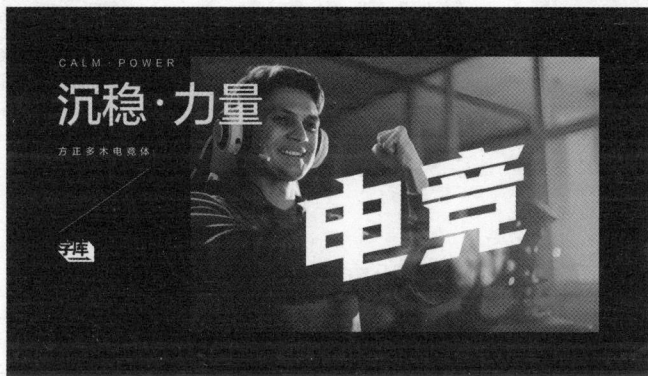

图3-2　方正多木电竞体2

传
统
文
化
视
域
下
的
文
创
产
品
设
计
与
开
发
创
新
研
究

图3-3 方正多木电竞体3

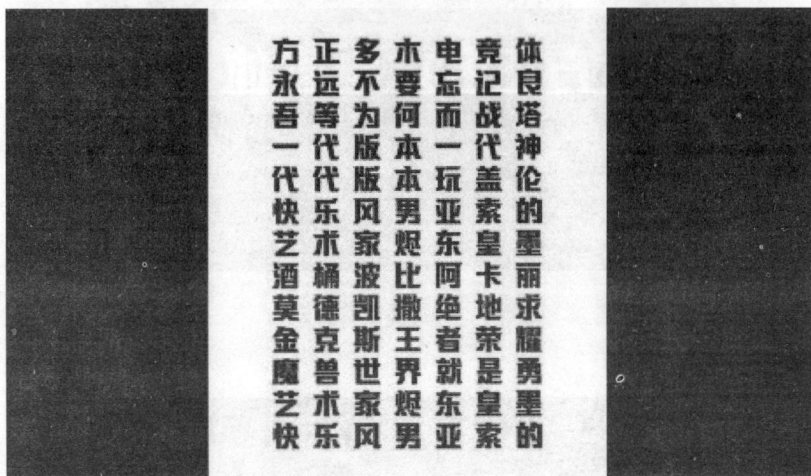

图3-4 电竞字体设计——林揆森

（二）注重字体设计的适度原则

字体设计在文化和创意产品中的功能是通过设计和技术元素来实现的。
一般来说，在设计文化和创意产品的线条时，设计师会更加注意改变字体，制造一些中文汉字笔画、图案和结构的变化使其看起来更加独特。无论它们如何变化或扭曲，传达文本信息的文字功能在文化产品中始终相同。因此，在设计字体时，设计师必须遵循适当设计的原则，确保字体设计具有创意且易于阅读。当观众看到字体时，他们可以快速识别反映文本的含义。

在文创设计中，字体设计的适度原则是确保设计效果达到预期目的的关键。适度原则强调在字体设计过程中要恰如其分地运用字体形式、排版、颜色等元素，以实现美观、高效的视觉传达。过于复杂或烦琐的字体设计可能会影响观众的阅读体验。适度原则要求设计师在字体设计过程中兼顾美观与实用，确保字体清晰易读，便于传递信息。适度原则还强调设计师要根据设计目的选择合适的字体形式，过于夸张或过分保守的字体可能会给观众带来误导，影响设计作品的情感传递效果。恰当的字体设计有助于表达品牌个性、传达特定情感与氛围。

二、字体设计在文创产品中的表现形式与意义

（一）字体设计在文创产品中的表现形式

1. 数字文创产品设计

在数字产品界面设计中，字体设计具有重要作用。设计师需要通过适当的字体形式、大小、间距等元素确保界面的可读性与美观度。此外，字体设计还可以根据产品定位、企业文化等因素展现品牌个性。例如，一些移动应用会采用独特的字体设计，使产品界面更具吸引力。在信息图表与数据可视化中，字体设计对于信息传递具有关键作用。设计师需要通过恰当的字体形式、大小、颜色等元素来确保信息清晰易读，便于用户快速获取所需信息。此外，字体设计还可以通过强调重要数据、提高信息层次感等方式增强图表的视觉效果。例如，一些数据可视化作品会采用大胆、前卫的字体设计，以呈现其独特的风格。在数字艺术与插画作品中，字体设计同样具有重要意义。字体与插画元素的有机结合能够增强作品的视觉吸引力，为观众带来愉

悦的视觉体验。例如，一些插画师会在作品中运用独特的字体设计，使插画与文字相得益彰。

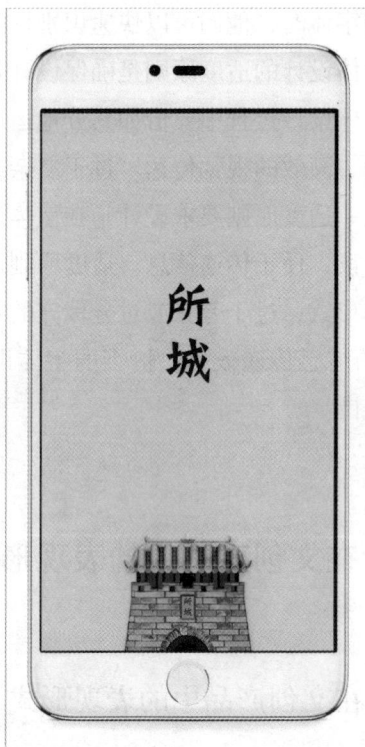

图3-5　数字文创App启动页设计（林志彪）

2.旅游与纪念品设计

在旅游宣传册与海报设计中，字体设计对于信息传递和视觉吸引力具有显著影响。设计师需要通过适当的字体形式、大小、颜色等元素来确保信息清晰易读，同时为旅游宣传册与海报增添美感与创意。此外，字体设计还可以根据目的地特色、文化背景等因素展现独特风格。例如，一些旅游海报会采用具有地域特色的字体设计，使观众更易产生好奇心和旅游兴趣；在旅游导览地图与标识设计中，字体设计对于信息传递具有关键作用。

在礼品与纪念品设计中，字体设计是传达个性、情感与纪念价值的重要手段。通过在礼品、纪念品上运用独特的字体设计，可以使产品更具纪念意义，增加收藏价值。例如，一些旅游纪念品会采用具有地域特色的字体设计，使游客更愿意购买收藏。

字体设计在旅游和纪念品设计中的表现形式多种多样，它们不仅有助于传达目的地文化、传递信息，还可以增强产品的视觉吸引力。在旅游业不断发展的今天，字体设计将继续在旅游和纪念品设计中发挥重要作用。

3.文创空间的视觉设计和导向系统

在文创空间视觉设计与导视系统中，字体设计对于信息传递具有关键作用。首先，在文创空间的品牌形象与视觉识别系统中，字体设计对于品牌形象的塑造具有至关重要的作用。通过恰当的字体设计，文创空间的品牌形象可以更好地传达品牌理念、文化背景等信息。其次，字体设计可以根据文创空间的主题、文化背景等因素展现独特风格，有助于品牌在竞争激烈的市场中脱颖而出。再次，在文创空间导向系统与导览地图设计中，字体设计对于信息传递具有关键作用。设计师需要通过恰当的字体形式、大小、颜色等元素来确保导向系统与导览地图的可读性与美观度。此外，字体设计还可以通过调整标题、地名等元素的字体形式、大小等来增强信息层次感。例如，一些文创空间会采用具有地域特色的字体设计，为游客提供更具个性化的导览体验。最后，在文创空间艺术装置与展览设计中，字体设计可以作为艺术元素与其他视觉元素相结合，为观众带来更丰富的视觉享受。设计师可以通过创意的字体设计来表达主题意义、传达文化信息等，使艺术装置与展览更具深度和观赏价值。

（二）文创产品以字体展现新意和创意

在设计文化和创意产品时，最重要的是使用创意和新意。各种文化和创意产品使用字体来表达其所包含的文化和价值观。文化和创意产品应始终反映文化价值的内涵以及产品的独特性和个性，应通过创新和创造性的路线促进文化和创意产品的表达和感知。随着现代信息技术和多媒体的快速发展，越来越多的先进手段和技术被用于设计文化和创意产品的字体。设计师可以表达他们的想法和创造力，并将创造力扩展到其他领域。

如管玉箫设计的"三十六计"创意字体,将我国传统文化中《三十六计》的典故融合于字体设计之中。以"无中生有"为例,设计者将"无中生有"的意境转变为辩证的视角,既保障了字体的朴素质感,也让其文创产品的应用更富有感染力,能够激发产品用户的兴趣与热情。

还有以"永字八划"为基础元素设计的"文化茶"文创产品。汉字被解构成28种不同的笔画,茶叶形态与汉字创意进行融合,制作成文创产品,不论是从文化内涵还是从文字形态的应用上,都达到绝佳的创意融合,是一款十分优秀的文创设计。

图3-6 十二生肖x甲骨文文创设计——孙园园

(三)通过字体设计展示创意产品的文化意义和文化价值

由于文创产品具有强大的文化元素和文化氛围,因此它们具有很高的文化价值,也具有一定的经济和实用价值。值得注意的是,文创产品在人们生活中并不经常接触到。文创产品更加重视其文化意义和文化信息,丰富多样的字体设计可以极大地提高创意产品的价值。字体通过不同的设计反映新思想和新想法,它们不仅能表达中国文字具有的深刻含义,在文创产品的艺术表达中也具有深远的意义。例如,故宫博物院推出展示了雍正帝御批字迹扇子，使用皇帝的奏折批阅字迹，赋予扇子更多的趣味性，让消费者获得最佳的美学和文化体验。

三、字体设计在文创产品中的应用困境

字体设计在增强文化创意产品的文化内涵和体现产品独特性方面发挥着重要作用。然而，回顾当前的文化创意产品市场，我们可以看到设计的应用文化和创意产品生产线面临许多困难，影响文化和创意产品的社会和经济效益的实现。

第一，文化和创意产品与字体的凝聚度并不高，这主要表现在文化和创意作品的风格不一致。有的产品非常重视具有精细结构的外观本身的设计，但忽视从文本中传递信息的基本功能，导致字体设计无法实现预期效果，不利于文化和创意产品的视觉交流。

第二，与市场需求没有准确关联，很大一部分供应无效。许多文化和创意产品的设计字体试图取得成功，但却没有花时间了解市场趋势。

第三，设计资源有限。在文创产品的字体设计过程中，设计师往往需要面临设计资源有限的问题。由于字体设计具有专业性和复杂性，对于具有地域特色和传统文化内涵的字体设计，设计师需要投入大量时间和精力进行深入研究。然而，当前的设计行业仍存在人才短缺、专业培训机会不足等问题，导致很多文创产品无法得到高质量的字体设计。

第四，字体版权问题。随着文创产业的快速发展，字体设计的版权问题日益凸显。为降低成本和加快设计进程，部分设计师和企业可能会使用未经授权的字体资源，导致侵权风险。此外，由于字体设计产权保护意识淡薄，一些优秀的原创字体可能无法获得应有的保护，从而影响设计师的积极性和文创产品的多样性。

第五，设计审美趋同。随着市场竞争加剧，部分设计师和企业为迎合大众审美趋势，可能过度追求设计的时尚性、流行性，导致字体设计存在趋同现象。这种现象不仅削弱了文创产品的独特性和创意性，还可能导致传统文化和地域特色在字体设计中的价值被忽视。

第六，用户体验与商业价值不平衡。在文创产品的字体设计过程中，设计师需要平衡用户体验和商业价值。

然而，在现实情况中，设计师可能过分追求商业价值，忽视了字体设计在提高用户体验方面的作用。长此以往，会导致文创产品的品质下滑，影响市场口碑。

四、字体设计在文创产品中的应用策略

（一）明确设计原则，确定字体设计的正确方向

第一，坚持可识别性。字体设计适用于文创产品，不仅要传达产品信息，还要美化产品。一方面，要实现信息传达的可识别性，基本信息的传输是最重要的，特别是在创意产品中，字体被用来更明显地传达文本信息。因此，在设计字体时，设计师首先需要确保字体易于阅读，其次是富有创意，以便人们能够立即看到字体来传达信息。另一方面，要做到整体风格的可识别性。字体设计应与创意产品的主题风格相匹配，这有助于将创造性价值转变为直接价值。具体而言，如果产品是严肃、沉郁的风格，那么就不能设计轻松、飘逸的字体；如果产品是清新、灵动的主题，那么就不能设计出僵硬的字体。简而言之，它应该与字体和产品风格相匹配。

第二，我们应该坚持可匹配性。字体设计应注重产品风格，同时与颜色、图形、材料等其他元素相协调，以达到整体和谐，从而提高作品的艺术吸引力。

第三，坚持审美性。这就要求字体设计必须与产品整体风格相一致，还必须保持一定的美学，即结构美、艺术美、感知美、力量美等。人们的情感会产生共鸣，也能激发深层次的思考，从而提升文化产品的格调。

（二）把握市场需求，设计个性化字体，实现有效供给

近年来，国潮等民族时尚的兴起和流行，通过将传统文化与创新元素相结合，年轻人可以欣赏中国传统文化之美与东方魅力。在此背景下，民族时尚逐渐发展出新的文化产品创意，尤其值得一提的是故宫和敦煌文化创意产品。作为文化创意产品视觉体系的重要组成部分，字体设计应成为文化创意设计的方向，帮助产品在激烈的市场竞争中获得一席之地。

第一，我们必须了解文化创意产品的品牌概念，深入了解市场需求。通过市场调研，了解消费者的需求、喜好、消费习惯等方面的信息，以便为字体设计提供有针对性的指导；关注行业动态，分析市场趋势，以便及时掌握潜在的商机和竞争对手动向；根据受众群体的特点，为设计师提供精准的目标用户画像，以便设计出更符合市场需求的个性化字体。

第二，要认识到字体设计个性的"形神兼备"，打造多元化、立体化的品牌文化。结合各地区的文化特色和传统元素，为字体设计注入独特的文化内涵和地域特色；根据市场需求和目标用户群体，设计出具有独特风格和个性的字体，以满足不同消费者的审美需求；尝试运用创新的设计理念，结合现代审美观念，为字体设计赋予前所未有的创意元素；在追求个性化设计的同时，注重字体的可用性和易读性，确保字体在实际应用中的高效性能。

第三，实现有效供给。优化字体设计的生产流程，提高生产效率，确保设计师能够在有限的时间内完成高质量的字体设计；加强字体设计的版权保护，为设计师提供合理的权益保障，激发设计师的创作热情和积极性；与各类文创企业、平台、渠道等建立紧密的合作关系，实现字体设计的快速推广和应用；参与制定和推动实施行业标准，为字体设计在文创产业中的应用提供规范化的指导。

（三）注重文化交流，以元素融合实现"双效统一"

时光流转，世界各地的文化交流与碰撞不断演绎着美的变化。在这个时代，对文化创意产品的设计提出了更高的要求，需要将不同文化的精髓融合，实现"双效统一"。这种文明文化的交流不仅连接过去、现在和未来，

更在其中体现着民族精神和价值观。

在全球化的潮流下，文化作为一种重要的软实力，成为各国竞相展示的重要窗口。文明文化的交流不再是简单的传承，更是一种创新与融合的过程。冬奥会作为国际性的体育盛事，其文化产品的设计不仅仅关乎艺术，更涉及文化的传播和表达。

文化产品中的个性创作是时代风格和精神的真实反映。这不仅仅是设计师个体的创作，更是整个社会心理的折射。通过文化产品，人们可以感受到时代的脉搏，理解社会的价值观。因此，在文化创意产品的设计中，要注重个性化的表达，使其成为时代的代言人。

2022年北京冬奥会的文化产品成为文化融合的成功典范。这些产品以各种形式呈现，包括吉祥物、徽章、玩具和钥匙环等，其中，吉祥物"冰墩墩"更是成了国内外人士喜爱的代表。冰墩墩的设计巧妙地将东方文化的深厚内涵与现代风格相融合，通过艺术形式展示了奥林匹克精神。

冰墩墩的肚子上呈现的"冬"字艺术形式，巧妙地将中国传统文化元素与现代设计相结合，达到了"双效统一"的效果。整个文化产品线路以书法和剪纸形式出现，展现了新时代中国的形象和梦想，同时突显了中国在国际奥林匹克运动中的新贡献。

通过文化产品的设计，尤其是在国际性盛事中的成功案例，我们可以看到文化融合在传播中国精神和满足文化需求方面的重要性。冬奥会文化产品的成功经验告诉我们，在创新的道路上，我们需要注重元素融合，实现"双效统一"，这将成为中国文化在世界舞台上的强大力量，为全球文化的繁荣做出贡献。

（四）结合产品特性，以字体突出产品功用

除了风格的一致性外，提高创意产品的实用性和审美性也是创意产品中应用字体设计的关键。为了在文创市场中占有一席之地，字体设计必须在考虑美观的前提下，高度重视其实用性，使字体本身成为创意产品。

第一，选择与产品风格相符的字体风格。如简约现代的产品可以选择简洁的无衬线字体，传统古典的产品可以选择衬线字体或手写字体。这样可以

强化产品的整体风格和形象。

第二，选择不同的字体来代表不同的信息。如标题可以使用较大的字体，内容可以使用标准的字体。这可以突出标题并引导读者的阅读顺序，也可以使用不同的字体来区分产品的不同功用或特点。

第三，调整字体的大小、颜色、修饰等来表达层次和突出重点。如较大的字体带来视觉冲击感，红色给人活力感，可以根据需要选择不同的字体表现手法。

第四，利用字体的线条来呼应产品的形状。如曲线流畅的字体配合圆润的产品，尖锐的字体配合棱角分明的产品。这种视觉上的呼应可以让产品的设计更加协调生动。

第五，必要时可以自定义字体，融合产品图形或理念到字体设计中。如产品有代表性图形，可以将图形的元素融入字体的设计中，产生极强的视觉印象和品牌认知度。这是字体设计的高级技法，需要专业的字体设计师完成。

通过这些方法，可以使字体设计与文创产品相互融合，共同传达产品的核心信息，从而提升产品的价值和市场影响力。

第二节 色彩在文创产品创新设计中的作用及情感表达

一、中国传统的色彩观概述

从视觉传达的角度来看，西方美学在使用颜色时往往会更加重视视觉传达的效果，更多地关注艺术的颜色的产生视觉冲击效果。这正是人们所常知的色彩样式。而中国传统的色彩观是在数千年的历史发展中形成的，它反映了中华民族对自然、文化、宗教、审美等方面的认识和理解。中国传统色彩观具有丰富的内涵和独特的意义，对于研究中国文化、艺术以及民间生活习俗等方面具有重要的参考价值。

（一）五行色彩说

五行色彩说是中国古代色彩理论的核心内容之一，它将五种基本颜色与五行相对应：青色代表木，红色代表火，黄色代表土，白色代表金，黑色代表水。五行色彩说不仅反映了古代中国人对自然界事物的观察与归纳，还体现了他们对宇宙生命、道教哲学等方面的思考。

五行相生对应的则是真五色，而五行相克对应的则为五间色，二者之间的差别则是社会地位，这恰恰与我国传统的儒家文化中"以色明礼"的文化主张相辅相成。除此之外，在道家文化之中，"以色证道"的文化主张也与之存在一定的文化认同，其中强调"无色让人盲目"的思想，因此更加倡导通过"散五彩"来摆脱人们心灵的束缚，最终就形成了"玄"和"素"两种颜色，即黑和白，这两种颜色在道家文化思想中是一种极端的象征，进而用于描述世间存在的万物和更替。

随着时间的推移，中国传统文化在唐代达到了顶峰，尤其是在王侯将相的府邸，颜色选择和使用有非常严格的制度等级，但在市井里没有这么严格的要求。

（二）象征色彩观

在中国传统的色彩观中，颜色具有丰富的象征意义。例如，红色象征喜庆、吉祥和繁荣；黄色象征权威、皇家和神圣；绿色象征生机、安宁和和谐；白色象征纯洁、高洁和清净；黑色象征神秘、沉稳和崇高。这些象征意义深入人心，成为民间信仰、礼仪、文学、艺术等领域的重要元素。

（三）阴阳色彩观

阴阳色彩观是古代中国人根据阴阳学说对颜色的分类与认识。阴阳色彩观认为，阴阳二气分别主宰着五种颜色：阴气主宰青、黑、白三色，阳气主宰红、黄两色。阳色代表热情、光明、充满活力，阴色代表平和、神秘、内敛。阴阳色彩观在古代中国的服饰、建筑、绘画等领域得到广泛应用。

（四）礼制色彩观

礼制色彩观是中国古代礼制文化中的重要组成部分，它规定了各种场合、身份、年龄等方面的颜色规范。例如，在古代的宫廷、官府、庙宇等场合，通常使用黄色、红色等象征尊贵和权威的颜色；在婚礼、节庆等民间活动中，红色成为主要的喜庆色彩；而在丧葬仪式中，白色和青色则被视为悼念和哀伤的象征。

（五）民间色彩观

民间色彩观是指中国传统民间文化中的色彩观念，它包括了家庭、社区、乡村等各个层面的色彩认识和应用。民间色彩观体现了普通百姓对美好生活的向往和追求，以及他们对自然、神灵、历史等方面的敬畏和感慨。民间色彩观在民间艺术、手工艺、民间信仰等领域具有广泛的影响力。

（六）审美色彩观

中国传统的审美色彩观强调色彩的和谐与协调，以及色彩在表现情感、氛围和意境等方面的作用。在古代的绘画、书法、陶瓷、剪纸等艺术领域，艺术家们运用丰富的色彩表现手法，创造了许多具有鲜明民族特色的艺术作品。这些作品既反映了中华民族的审美趣味和文化内涵，也为世界艺术史留下了珍贵的遗产。

（七）地域色彩观

由于地理、气候、民族、历史等因素的影响，中国各地区的色彩观念和应用存在一定的差异。例如，北方地区由于气候寒冷，人们更喜欢使用红色、黄色等暖色调；而南方地区由于气候湿润，人们更倾向于使用绿色、蓝色等寒色调。这些地域色彩特点为中国各地的民间艺术、建筑风格、民俗活动等增加了丰富的多样性。

总的来说，中国传统的色彩观是一个多元、丰富、博大的系统，它涵盖了五行色彩说、象征色彩观、阴阳色彩观、礼制色彩观、民间色彩观、审美色彩观、地域色彩观等多个方面。在传统与现代、本土与外来、自然与人文等多种因素的交织影响下，中国传统色彩观不断发展、变革和创新，为中华民族的文化繁荣和人类文明的交流互鉴做出了贡献。当然，除了了解中国传统的色彩观之外，也需要了解关于色彩的基础知识。

二、传统色彩文化对于现代文创产品设计的意义

（一）传统色彩文化能增强对于文化的认同感

文化认同感是指个体对于自身所处文化环境的主观认同感受，是文化与个体之间的情感联系。在现代社会中，随着文化交流的加深和跨文化交流的增多，文化认同感成为现代人关注的重要问题。在文创产品设计中，运用传统色彩文化能够增强用户对于产品的文化认同感，提高产品的文化价值和品牌形象。

中国传统色彩文化是中国文化的重要组成部分，它代表着中国古代文化的精髓和传统艺术的魅力。在现代文创产品设计中，运用传统色彩文化能够让用户更深入地了解和认识中国传统文化，从而增强用户对于产品的文化认同感。例如，在中国文化主题的文创产品设计中，常使用红色、金色、紫色等传统色彩，这些颜色不仅有着浓郁的中国文化气息，也能够增强用户对于产品的文化认同感，提高产品的文化价值和品牌形象。

（二）传统色彩文化与文化遗产传承的关系

文化遗产是指由历史、社会、文化等多种因素形成的具有历史、文化、科学、艺术价值的物质和非物质文化财富。在现代社会中，文化遗产的保护和传承成了重要的社会问题。在文创产品设计中，运用传统色彩文化能够传承文化遗产，让更多的人了解和认识中国传统文化，促进传统文化的发展和传承。

传统色彩文化作为中国传统文化的重要表现形式，具有深厚的历史和文化内涵。在现代文创产品设计中，运用传统色彩文化能够传承文化遗产，让更多的人了解和认识中国传统文化。例如，在传统文化主题的文创产品设计中，常使用青花瓷、紫砂壶等传统文化元素，这些元素不仅代表着中国传统文化的精髓，也能够传承文化遗产，让更多的人了解和认识中国传统文化。

（三）传统色彩文化能丰富产品的内涵

产品内涵是指产品所包含的文化、艺术、科技等多种元素，是产品的核心价值和文化内涵。在现代社会中，产品内涵的丰富成了提高产品价值和市场竞争力的重要手段。在文创产品设计中，运用传统色彩文化能够丰富产品的内涵，增加产品的文化深度和情感表达，提高产品的艺术价值和品牌形象。

传统色彩文化丰富多彩，每种颜色都有着独特的文化内涵和情感表达。在现代文创产品设计中，运用传统色彩文化，可以增加产品的文化内涵和情感表达。例如，红色代表着喜庆和祝福，金色代表着尊贵和权威，紫色代表着神秘和高贵，翠绿代表着清新和自然，每一种颜色都能够丰富产品的内涵，增加产品的文化深度和情感表达。

总之，传统色彩文化对于现代文创产品设计具有重要的意义。它能够增强用户对于产品的文化认同感，传承文化遗产，丰富产品内涵，创新与传统相结合，可提高产品的文化价值和市场竞争力。在文创产品设计中，应该注重传统色彩文化的运用，以创造更具有文化内涵和艺术价值的产品形象。

三、中国传统色彩文化在文创产品设计中的运用

（一）利用传统色彩的象征意义传达审美趣味

利用传统色彩的象征意义传达文创产品的审美趣味对于提高产品的吸引力、美感和市场竞争力具有重要意义。

传统色彩在中国文化中有着深厚的历史和文化内涵。可以通过将传统色彩应用到文创产品中，来强化产品的文化内涵，使产品具有更加深刻的意义和内涵，还可以提高产品的辨识度和独特性，使产品在市场上更加突出。

另外，随着文化自信的增强，越来越多的消费者开始追求具有文化内涵的产品。利用传统色彩的象征意义传达文创产品的审美趣味，可以满足消费者的文化需求，提高产品的市场竞争力。

不难发现，中华民族传统文化中的颜色并不是简单的对人或物体的描述，而是一种象征。例如，当人们在现代提到红色时，他们自然会想到"中国红"，它象征着大国的崛起，古代红色更象征着幸福和善行。因此，人们对美丽的东西的期望通常是红色的，如红包、春联、灯笼、红围巾和红袜子等。

这些具有传统意义的色彩不仅会深刻影响当代中国人，也会影响未来中国人，使人们继承和发展审美观念，传统色彩也会得到继承和发展。在洛阳地方文化创意作品的色彩选择过程中，许多作品都基于唐三彩和牡丹这些元素，形成了独特的代表性色彩体系。又如北京故宫博物院是一个集中国传统艺术和文化遗产于一体的博物馆，其建筑和展览中广泛运用了传统的红色、黄色、蓝色等色彩，这些颜色在中国文化中有着独特的象征意义，如红色代表吉祥、黄色代表尊贵等。这些传统色彩在文创设计中的应用，强化了文化内涵和吸引力。

（二）注重文创产品色彩设计的隐喻性

结合文化创意产品的定义，可以得出结论：文化创意产品可以被视为文

化设计的对象。在设计过程中，色彩的选择和制作必须深刻意识到文化隐喻。美国著名美学家鲁道夫·阿恩海姆（Rudolph Arnheim）曾明确指出，色彩是表达情感世界的基本方式，它可以使人们的辩驳变得苍白。这一观点也得到了美学领域专家和科学家的高度认可，因为传统文化往往使颜色更具象征意义。设计师要了解不同色彩在文化、宗教、历史等方面的象征意义和内涵，为之后的设计提供丰富的灵感来源。此外，还可以关注民间传说、神话故事、艺术作品等，从中发现色彩隐喻的线索。在设计过程中，不仅要明确产品的主题，还要挖掘产品主题与色彩隐喻之间的关系。例如，设计一款以中国传统节日元素为主题的文创产品，可以运用红色传递喜庆、绿色传递生机等隐喻意义，使产品更具文化内涵。在色彩设计中，也可以通过色彩搭配与对比来表达隐喻关系。运用相互补充或对立的色彩可以营造出丰富的视觉效果，表达出一定的隐喻意义。例如，黑与白的对比可以传递出阴阳、生死等隐喻；红与绿的搭配可以表现出喜庆与生机的隐喻。

从中国传统文化精神的角度来看，"红色"通常是人们心中最美的颜色，向人们传达着财富和幸福的信息。在中国古典文学作品中，"红色"具有象征美的特殊含义，如"好运气""喜庆吉祥""大红大紫"等，清楚地反映了颜色本身的隐喻性质。在现代和当代文化中，有许多表达方式可以反映同一颜色的隐喻。符合文化和创意产品方案的颜色必须充分利用隐喻的文化意义。在文创产品色彩设计中注重隐喻性，有助于提升产品的文化价值和审美趣味，为消费者带来更丰富的视觉体验和文化感悟。

（三）利用传统色彩传递情感，引发共鸣

色彩是艺术表达的窗口，是在文化和创意作品中表达情感的重要手段。文化和创意作品的不同主题和风格通过颜色呈现。例如，蓝色通常给人一种寒冷的感觉，红色让人感觉炎热，灰色让人沮丧，绿色让人充满希望，等等。将这些颜色应用于文化和创意作品的设计，肯定会给观众带来情感的共鸣。

此外，文化创意设计的价值应该体现在产品本身中，色彩选择无疑是最重要的价值表达。毫无疑问，产品本身具有情感价值。选择和使用颜色只是为了向人们传达丰富的情感，为产品提供灵魂。

还有，在设计过程中，要关注视觉叙事和情感表达，通过色彩设计来讲述一个富有隐喻意义的故事。例如，可以运用色彩的渐变和层次来表现出一个场景的发展变化，或者通过色彩的对比和搭配来传达人物之间的情感纠葛。在设计中，还可以尝试利用色彩渐变和过渡来表现隐喻关系。色彩从浅到深、从暖到冷的过渡，可以让人感受到时间、空间、情感等多种隐喻意义。

在设计文化创意产品的过程中，选择颜色必须尊重人们对传统颜色的感受。这些颜色在推动主题表达方面发挥了作用。此外，在文化和创意产品设计中选择颜色时，还需要深入挖掘传统颜色表达的情感，找到与现代颜色的交汇点，使文化和创意产品的设计更真实地表达情感，引起观众的共鸣。

（四）关注传统色彩与产品特征的契合

在文化产品设计中，色彩是赋予作品独特魅力的不可或缺的因素，然而，要让传统色彩与产品特点完美契合，不仅要关注色彩本身，更要考虑它们与产品特性之间的融合。这种融合不仅涉及技术层面，还包括市场功能和产品结构，将传统色彩与产品起源、地位和目的地等方面交融。在这个过程中，我们需要思考传统工艺是否满足目标色彩的要求，以及如何将传统技艺与现代理念相结合，创造出更具现代美学和流行趋势的产品。

尽管时代赋予我们许多全新的色彩选择，但我们不应忽视早期的传统色彩。这些色彩不仅在当代美学中仍然占有一席之地，甚至因其独特之处而更显流行。以青绿陶瓷为例，它汲取了《千里江山图》的色彩灵感。青绿色彩赋予人们清新自然的感受，象征着大自然的生机与活力。在《千里江山图》中，青绿色彩的运用展现出了山水之美，勾勒出壮丽景象，生动展现了自然之美。在中国传统文化中，青绿色彩更与道教的理念息息相关。道教将其视为道的精神象征，是宇宙生成万物的根本。《千里江山图》中的青绿色彩也隐喻着对道家哲学的理解和体悟。

色彩与产品特征的结合创作，具有深远的情感共鸣。将传统色彩与产品特性相融合，不仅仅是色彩和技术的问题，更是对文化、历史和哲学的理解。这种创作方式能够唤起人们对传统文化的共鸣，使人们在欣赏作品的同时，深刻领悟其中蕴含的文化内涵和哲学思考。

在文化产品设计的道路上，传统色彩是不可或缺的一环。它们不仅以自己独特的魅力展现出产品的美感，更以深厚的文化内涵与人们心灵深处产生共鸣。

（五）利用色彩打造文创产品品牌辨识度

色彩是品牌形象的重要组成部分，可以有效提升文创产品品牌的辨识度。

首先，建立色彩体系。在确定主色调的基础上，建立一个完整的品牌色彩体系。这包括辅助色、中性色和强调色等，使品牌的色彩设计更加丰富和多样。例如，可以选择与主色调相协调的辅助色，增强视觉效果；选择适当的中性色，平衡整体设计；设置强调色，用于重点突出。其次，保持色彩的一致性。在品牌应用中，保持色彩的一致性至关重要。无论是在产品包装、宣传海报、展览布置上，还是在线上线下的推广活动中，都要确保品牌色彩的统一和稳定。这有助于提高品牌的辨识度和印象深刻度。再次，注重色彩搭配与对比。在品牌设计中，要善于运用色彩搭配和对比，创造出独具特色的视觉效果。可以参考色彩理论，如色轮、色彩配比和色彩饱和度等，实现和谐、协调的色彩搭配。最后，可以巧妙运用色彩心理学。了解不同色彩所传递的心理信息以及在不同文化背景下的含义。在色彩选择和搭配过程中，充分考虑目标消费者的需求和喜好，以提高品牌的吸引力。当然，设计独特的视觉识别元素也非常重要。结合品牌主色调，设计独特的视觉识别元素，如LOGO、字体、图案等。这些元素应该简洁易懂、具有辨识度，能够快速传达品牌的核心信息。此外，要进行品牌色彩监测与调整。随着市场环境和消费者需求的变化，要定期对品牌色彩进行监测和调整，以确保品牌色彩始终与市场和目标消费者紧密联系。

（六）以传统色彩从内而外赋予文创产品独特性

文化创意产品的精髓在于色彩的巧妙运用，这不仅是科学选择和使用色彩的过程，更是传达情感、赋予创作真实性的关键。在这个过程中，南京文化创意博物馆的设计独具匠心，将色彩的"互补性"视为设计风格的精髓。

这种独特的设计理念贯穿于外包装、产品、配件和珠宝的方方面面，通过调整色彩的亮度和纯度，使文化创造力从外部到内部形成一体，为产品赋予了独特的文化价值，令人感受到更加真实的情感共鸣。

特别值得一提的是南京博物馆陈之佛先生的名画书签——"国色花鸟书签"，这一系列产品以其独特的线性色彩和绘画风格脱颖而出。它采用高亮度、高纯度和高透明度的颜色，创造出丰富多彩的艺术品。设计强调通过简单的形状、质量来打造颜色参数，注重选择、几何顺序以及产品所产生的视觉刺激。这种细致入微的关注使产品在视觉上更加引人入胜，为观者带来全新的感官体验。

通过对传统色彩的深刻理解和运用，文创产品不仅仅是外表具有独特之处，更是从内而外散发出的文化魅力。南京文化创意博物馆的设计实践展现了如何通过色彩的精妙搭配，将传统文化元素融入现代审美，创造出更富有深度和文化底蕴的产品。这种创新的设计方法为传统文化赋予了新的生命力，也为消费者提供了更加丰富多元的文化体验。因此，传统色彩在文创产品设计中的运用，不仅是一种技术，更是一场关于文化传承与创新的艺术盛宴。

第三节　文创产品创新设计中图形元素的提取与设计

一、文创产品中图形设计的类型

（一）字体和图形

文字是记录和传输信息的象征性符号语言。随着图形时代的到来，符号和图形之间的关系在设计中发挥着重要作用。字体是指以视觉方式表达意图的线条设计。书写线条通过艺术设计，让文字形象变得情景化、视觉化，强化语言效果，这对于改进文化创意产品的设计非常重要。

（二）传统图形

传统图形植根于中国传统艺术，起源于不同的朝代、少数民族和地区，商代青铜器上的饕餮图形，春秋战国时期的蝌蚪文、梅花篆，汉代漆器上的凤形，唐代的宝相花纹以及后来出现的金文形态，各民族各地域的图腾、民族文化图形，还有中国画、传统风俗画、历史画、书法等构成了我国传统图形体系。现代传统绘画在产品设计中的应用体现了传统与现代融合的美，突出了传统文化的特征。在文创设计中，利用传统图案可以表现出浓厚的文化底蕴和历史传承，对传统图案的再创作和现代化演绎，可以为文创产品增添独特的艺术魅力，吸引不同年龄和文化背景的消费者。

（三）手绘图形

它是一种语言图形，将媒体、技术元素与各种艺术表达形式中的手工绘制方法相结合。手工绘制的图形具有创意和创造力表达。相对于文字，手绘图形更有趣和直观。手绘图形运用于文创产品设计中，大幅提升了产品特征和技术价值。手绘图形以手工绘制的方式呈现，具有独特的艺术气息和个性化风格。手绘图形可以充分展现设计师的创意和技艺，为文创产品赋予独特的审美价值。通过运用各种绘画技法和材料，如水彩、铅笔、油画等，手绘图形可以表现出丰富的视觉效果和质感，给人以强烈的艺术感受。

图3-7　无问自说1

無問自說

图3-8 无问自说2

图3-9　文创中的经变画——张靖浩

（四）摄影照片

照片具有纪录的特点，它们用图形来表达当前的现实生活。摄影图片体现出一种"未加工"的情感，能帮助我们更好地展现我们对现实的关注。因此，设计中使用的照片使设计更加生动逼真。在文创设计中，摄影图片可以提供丰富的素材来源，为设计师提供灵感。通过对摄影图片的选取、编辑和调整，可以实现从现实到艺术的转化，打造出具有生活气息和故事性的文创作品。

（五）矢量图形

矢量图形是数字技术和图形设计发展的产物，它已成为平面设计中不可或缺的重要元素。与位图相比，矢量图形具有优势，在放大或缩小时不会失真，具有连续性、准确性。在文创设计中，矢量图形可以表现简洁、现代的视觉风格，适用于各种尺寸和应用场景。通过对矢量图形的创意组合和变形，设计师可以轻松实现各种图形效果，提高设计效率和灵活性。

（六）抽象图形

抽象图形是对现实事物进行提炼、概括和重构的非具象图像。在文创设计中，抽象图形可以突破传统的视觉界限，表现出独立于现实的艺术世界。通过对形状、线条、色彩等元素的自由操控，抽象图形可以呈现出富有创意和表现力的视觉效果，激发观者的想象和联想。

传统文化视域下的文创产品设计与开发创新研究

饮潮茶·观潮景

饮潮州单丛茶，观潮州外八景。

图3-10　以潮州八景为主题的"潮茶"包装图案——刘双

图3-11 康定印象文创设计1

图3-12 康定印象文创设计2

图3-13　康定印象文创设计——陶凌飞

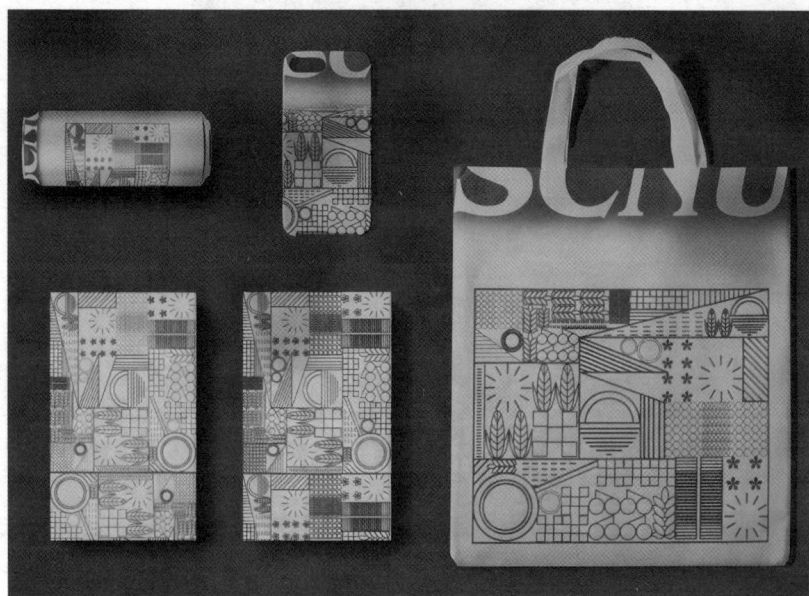

图3-14　校园文创——唐娇

二、传统图形元素在文化创意产品设计中的表现

（一）取与舍

传统图形元素有多种表现形式，文化内涵丰富，然而，复杂的表达形式与现代设计的趋势相矛盾。现代设计的特点是简洁明了。因此，在使用传统图形和保持传统文化的同时，我们需要在创造性设计和创新中改进和总结现代图形，摒弃缺点或不必要的元素。简洁创新的设计适合现代美学和创造性生活。要改变图形创意中的现代传统图形元素，需要使用清晰、典型和突出的特征来总结和整合现代设计形式和现代图形的高度抽象。

例如《山海经》经历了历史的沉淀，为我们留下了珍贵的传统图形元素，其中异兽形象光怪陆离，内容丰富且趣味十足。因此，应用到现代文化创意产品中时，有必要做出合理和简化的决定，以满足当前的审美需求。绘画元素和线条元素产生共鸣，可以吸引公众的注意力和兴趣。

（二）替换与重构

传统图形存在的目的是根据关系的自然逻辑进行排列和组合。在不改变图表元素基本特征的情况下，我们通常可以将原有图形主体中的局部用其他相关联的图形或者意义相关的内容来替代，给传统绘画提供最好的表达，创造出新的、独特的、意想不到的心理效果。

现代设计中用夸张和扭曲来强调超越原始绘画特征，但是夸张也需要符合现代设计的形式美法则，必须恰到好处，过度的夸张不仅不能使图形标新立异，反而会给大众带来厌恶感。过度夸大不会使绘画富有创意，反而会引起公众反感。因此，我们应该通过比较尺寸、密度、厚度线、线条的粗细等来更好地设计图形。

（三）解构与重组

在文化创意产品设计中，传统图形元素的解构和重组是一种重要的创新手法。通过对传统图形元素进行拆解、重组和再创作，设计师可以为文化创意产品赋予新的形式和意义，实现传统与现代、经典与创新的完美结合。这种方法通过元素的叠加，有效地打破了原始多边形图形元素的边界，展示图形的新颖美学。传统图形元素的创造和重组，以及它们在文化创意产品以新形象出现，不仅直接吸引了公众的关注，而且激发了强烈的视觉效果、心理冲击和吸引力，但传统绘画也带来了新的生活元素，并与观众达成了共识。众所周知，中国的脸谱元素与生肖文化是中国传统文化的杰出代表，这两种文化元素适当地结合在一起，并利用现代创造性的绘画技能可创造独特的作品。

（四）色彩心理与情感沟通

传统色彩观中"五色"指的是白色、黑色、红色、黄色和绿色。受"五色"传统思想的影响，人们的审美观具有一定的倾向，例如，"中国红"已成为中国传统颜色的象征。经过数千年的变化，"中国色彩"已成为中华民族传统文化遗产的另一种表达方式，它具有历史感。为了使传统图形元素更有冲击力和艺术性，更好地展示传统图形元素简单质朴的文化内涵，融合传统文化的中国文化创意产品大都采用鲜艳、对比强烈的高纯度色彩。

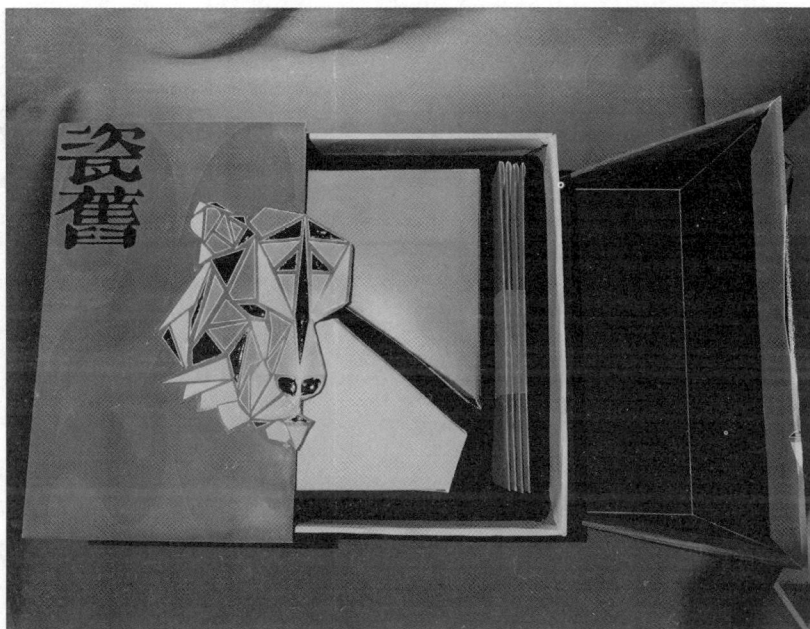

图3-15　潮州嵌瓷在虎年春节文创包装上的应用1

图3-16　潮州嵌瓷在虎年春节文创包装上的应用2

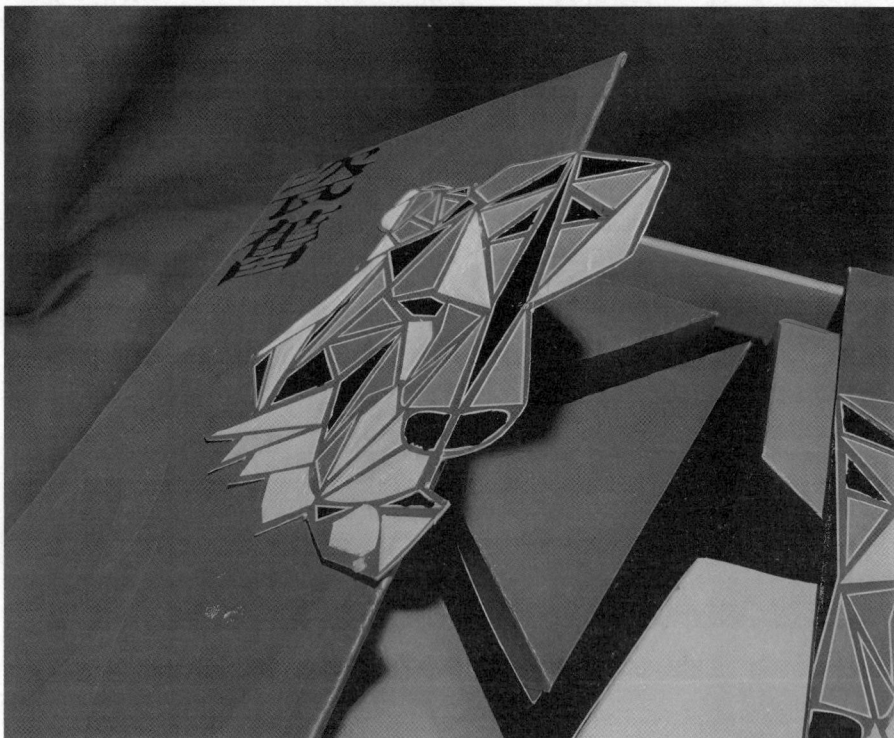

图3-17　潮州嵌瓷在虎年春节文创包装上的应用——陈玉玲

　　然而，传统绘画中的一些元素，尤其是那些代表吉祥物和节日的元素，大多数颜色都很明亮，很容易产生浮华的感觉。在元素设计完成后，应考虑颜色选择和颜色变化，对观众有什么心理影响，以及视觉效果的作用。因此，颜色与文化产品图形元素相匹配不一定需要使用原有的色彩。表达图形元素的颜色必须理解不同颜色的象征意义，也可以用现代色彩来诠释。

　　在现代设计的继承和创新中，传统绘画色彩是文化和创意产品中的一个元素，应遵循现代色彩设计心理学的基本规则，并根据不同的感受进行搭配。色彩心理是指不同颜色对人们心理上产生的影响和情感反应。例如，红色通常被认为是充满活力和激情的颜色，而蓝色则被认为是冷静和平静的颜色。设计师可以利用这些心理效应来达到特定的情感效果，如果设计师想传达产品的活力和激情，他们可以使用红色作为主色调。

色彩的情感沟通是指设计师通过色彩和图形来传达情感和情绪。例如，设计师可以使用柔和的色调和流畅的线条来传达温暖和安宁的感觉，或者使用强烈的对比和角度来传达力量和动态感。这种情感沟通可以帮助观众更深刻地理解和感受设计作品所要表达的情感。在文创设计中，可以利用这些颜色的情感效应来传达特定的情感和意义。

在实际的设计中，设计师可以根据不同的情感和情绪选择合适的色彩和图形，例如使用暖色调来传达温暖和亲近感，使用冷色调来传达冷静和平静的感觉，使用对比鲜明的颜色来突出重点等。同时，设计师也需要考虑受众的文化和背景，以确保色彩和图形的选择能够得到广泛的认同和理解。

图3-18　彝族三色文化文创产品的图形创作——林泽彪

第四节　文化产品创新设计中的造型与材质开发

一、文创造型设计原理的构思

（一）构思的程序

虽然不同风格的艺术家有不同的想法和风格，但根据大多数人的创作经验，设计过程可分为三个阶段。

（1）准备阶段：在生产、交付和销售的基础上开始设计。设计师必须根据设计要求，在满足最重要先决条件的基础上全面收集数据，并在观察的基础上进行初步分析、研究和想象，感受原始数据，同时提出多种设计方案的假设。这一阶段的思考是多方向的。

（2）选择阶段：进行全面分析并与最初的设想意图进行比较的设计，从计划中选择最佳计划，并进一步做具体的酝酿和孕育，逐步使图像设计清晰有形。这一阶段的思考是方向与目标。

（3）完成阶段：这一阶段与设计实践密不可分。

（二）系统化构思法

设计的概念是一个复杂的系统，包括选择什么类型的材料，选择什么类型的图像，选择何种类型的颜色，选择何种形式构成，选择何种美学思想和感觉以及使用功能、消费对象、工艺制作和其他因素。我们可把艺术构思部分分解成三个单项信息——形、色、构成，借助于数学的逻辑概念，分别纳入三维结构。

（1）造型维：植物、动物、矿物、景观等的自然形态；人为形态为外来纹样、传统纹样、科技纹样等；造型技法为点、线、面等。

（2）色彩维：与色调、亮度、纯度、冷热、范围等的对比。

（3）构成维：平面构成为单独纹样、二方连续、四方连续等。另外还有立体构成。

图3-19　七巧板红包设计1

图3-20　七巧板红包设计2

图3-21　七巧板红包设计——陈彬华

（三）科学构思法

科学思维与艺术思维有许多相似之处，更重要的是，艺术设计是科学与艺术的结合。

（1）使用物理变化的概念，我们可以假设某些对象是外部压力、膨胀、变化、折叠、撕裂等的影响。例如，将物体进行向心、离心、纵横方向的运动和抛物线运动，以及进行上下、左右、前后位置变化，或通过特种透镜、多棱镜、万花筒等光学仪器造成透视、错视、幻觉和变形。

（2）使用递增、递减、比例、排序、混合、加法等手段造成物体的变化。

（3）使用解剖学改变来可视化纵向、横截面、倾斜、扭转和其他导致身体变形的解剖学方法的使用。毕加索的许多抽象画都是通过分解然后重新组合起来的。

（4）运用生物学变化构思、移花接木、嫁接生态全过程的组合和杂交等手段创造新的形象。

（四）仿生构思法

自然界中的形态和结构非常多样化，可以为文创产品的造型设计提供巨大的灵感。在设计过程中，可以通过观察自然界中的植物、动物、矿物等物体的形态和结构，获取灵感，并将其转化为设计元素，然后运用自然元素。例如，可以参考花朵的形态和纹理来设计文创产品的外形和质感。

自然元素是指那些在自然界中广泛存在的元素，如地球、天空、海洋、森林等。在文创产品的设计中，可以运用这些自然元素来设计产品的形态和图案，以表达自然的美感和生命力。自然元素里还包含自然颜色和自然材料。自然界中的颜色非常多样化，可以通过运用自然颜色来增强文创产品的自然感和舒适感。例如，可以运用森林绿、天空蓝、海洋蓝等颜色来设计产品的色彩方案。自然材料是指那些在自然界中产生的材料，如木材、石材、皮革等。在文创产品的设计中，可以运用这些自然材料来增强产品的自然感和质感，同时也可以减少对环境的负面影响。

此外，还可以运用自然模式。自然界中有着许多重复出现的模式，如斑点、纹理、螺旋等。在文创产品的设计中，可以运用这些自然模式来设计产品的图案和纹理，以增强产品的自然感和美感。

（五）符号构思法

符号是一种非常特殊的形态，它可以直接传递意义和信息。在文创产品的设计中，引入符号形态可以增强产品的主题感和艺术性，同时也可以使产品更加易于理解和传达。第一，运用文化符号。文化符号是指那些与文化相关的符号，如传统文化、宗教文化等。在文创产品的设计中，可以运用这些文化符号来表达特定的主题和意义，以增强产品的文化内涵和魅力。第二，运用图形符号。图形符号是指那些具有独特意义的图形形态，如心形、星形、三角形等。在文创产品的设计中，可以运用这些图形符号来表达特定的情感和意义，以增强产品的艺术性和表现力。第三，运用文字符号。文字符号是指那些具有独特意义的文字形态，如汉字、拉丁字母等。在文创产品的设计中，可以运用这些文字符号来表达特定的意义和信息，以增强产品的文化内涵和传达效果。第四，运用象征符号。象征符号是指那些具有象征意义的符号，如颜色、音乐、图案等。在文创产品的设计中，可以运用这些象征符号来表达特定的主题和情感，以增强产品的艺术性和表现力。第五，运用数字符号。数字符号是指那些具有独特意义的数字形态，如生日、纪念日等。在文创产品的设计中，可以运用这些数字符号来表达特定的意义和信息，以增强产品的个性化和传达效果。

（六）美学构思法

美学构思法在文创设计中的应用是将美学原则和方法融入设计过程中。有两种熟悉的美学方法经常被用在文创设计中：第一个是黄金分割法。黄金分割是一种比例关系，它可以在视觉上产生一种协调和美感的效果。在文创设计中，可以运用黄金分割的比例关系来设计产品的形态、布局和图案，以达到更好的美学效果。

图3-22　百虎具臻彝族文创1

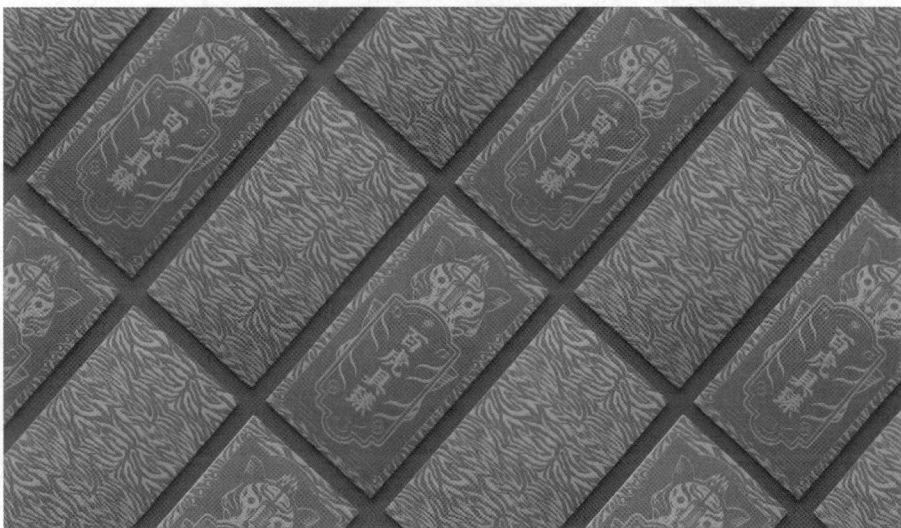

图3-23　百虎具臻彝族文创——林泽彪

　　另一种是对比与平衡。对比和平衡是美学中非常重要的概念。在文创设计中，可以通过对比和平衡来增强产品的视觉效果和美感。例如，在设计色彩方案时，可以运用对比色来增强色彩的鲜明度和对比度，同时也要注意色彩的平衡和协调。对比性是指图案或物体部分的大小、形状和排列之间的关系。平衡是设计中形式平等和不平等之间的平衡，也就是说，图形或物体两边不具有对应关系，但在视觉上形成平衡之感。对称性，也称为平等性和同质性，是由平等或类似形式的事物因素组成的平衡。

以对称或平衡形式出现的图案在某种程度上可以平衡视觉效果。对称性和平衡是相互关联的方面。对称设计可以创造平衡感，而均衡的状态又包括对称的因素在内。对称或平衡形状、颜色和设计的结合是形式美的常见现象。对称图案设计通常采用对称轴等中线，左右图案以完全相似的形式出现。对称的模式通常会给人一种严肃的感觉。采用均衡形式的图案设计，给人一种充满活力和灵活性的感觉，充满了运动感。

通过运用美学构思法，设计师可以更好地理解美学原理，从而设计出更具有美感和艺术性的文创作品。设计师可以根据产品的特点和设计需求，灵活运用不同的美学构思法，来达到更好的设计效果。

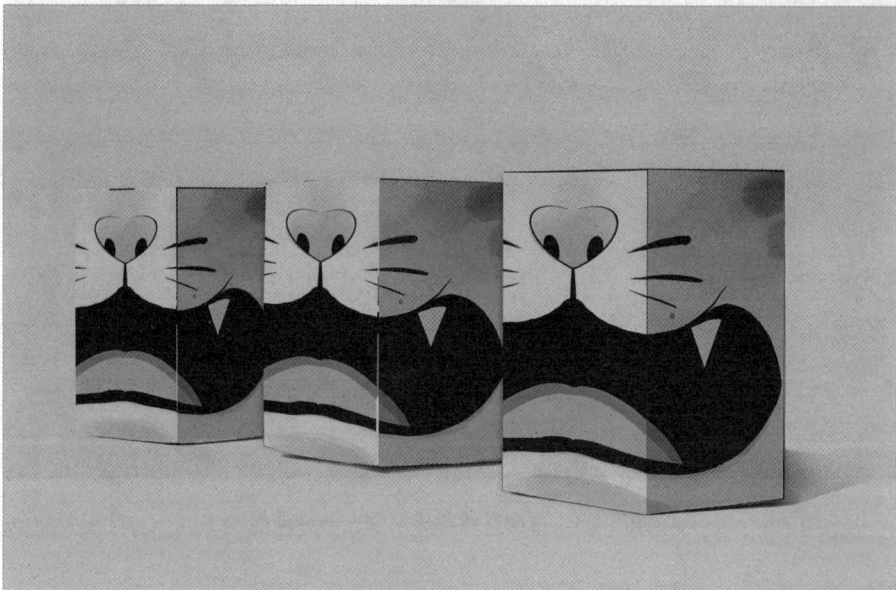

图3-24　虎口纳福虎年食品包装设计——高一婷

图3-25　虎口纳福虎年食品包装设计——高一婷

二、文化创意产品的材质开发研究

在文化产品创新设计中，材质开发是一个关键环节，它直接影响到产品的功能性、美观性、环保性以及文化内涵。

（一）材质选择原则

在文化产品创新设计中，材质的选择需要遵循以下原则。

（1）功能性。材质需要满足产品的功能需求，如耐用性、安全性、舒适性等。

（2）美观性。材质的质感、颜色、纹理等特点需与造型设计相协调，提升产品的整体美感。

（3）文化性。材质需具有一定的文化内涵，能够传达文化价值观和故事。

（4）环保性。在材质选择过程中，应关注环保原则，降低产品对环境的影响。

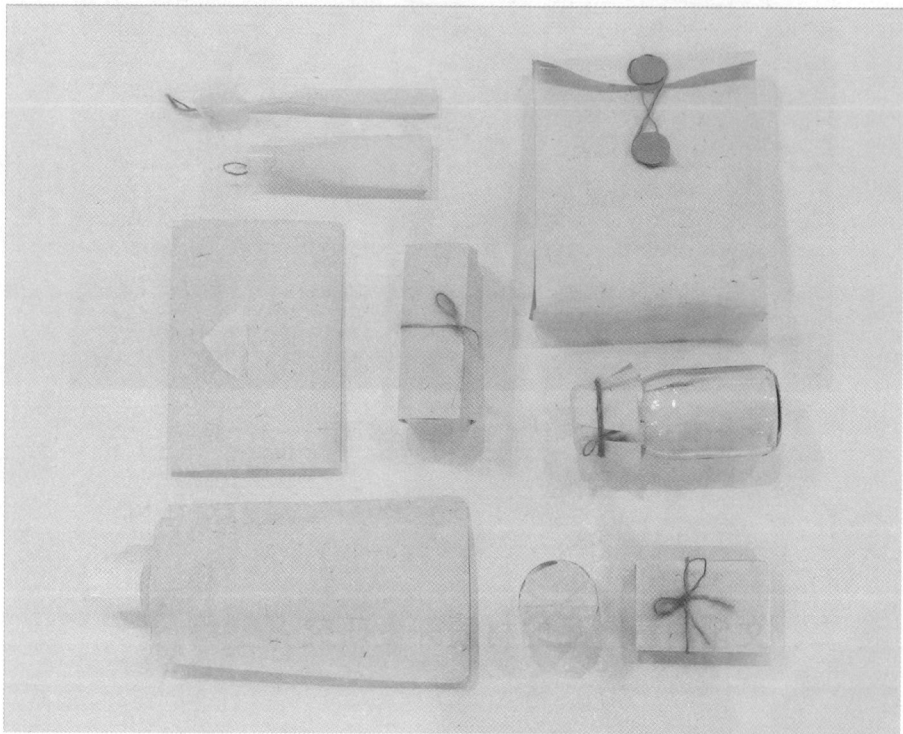

图3-26 "我行我素"环保旅游文创产品1

生活很忙碌，
不要忘记了快乐，
旅途很匆忙，
不要忘记停下脚步。

我行我素

扑克牌

图3-27 "我行我素"环保旅游文创产品2

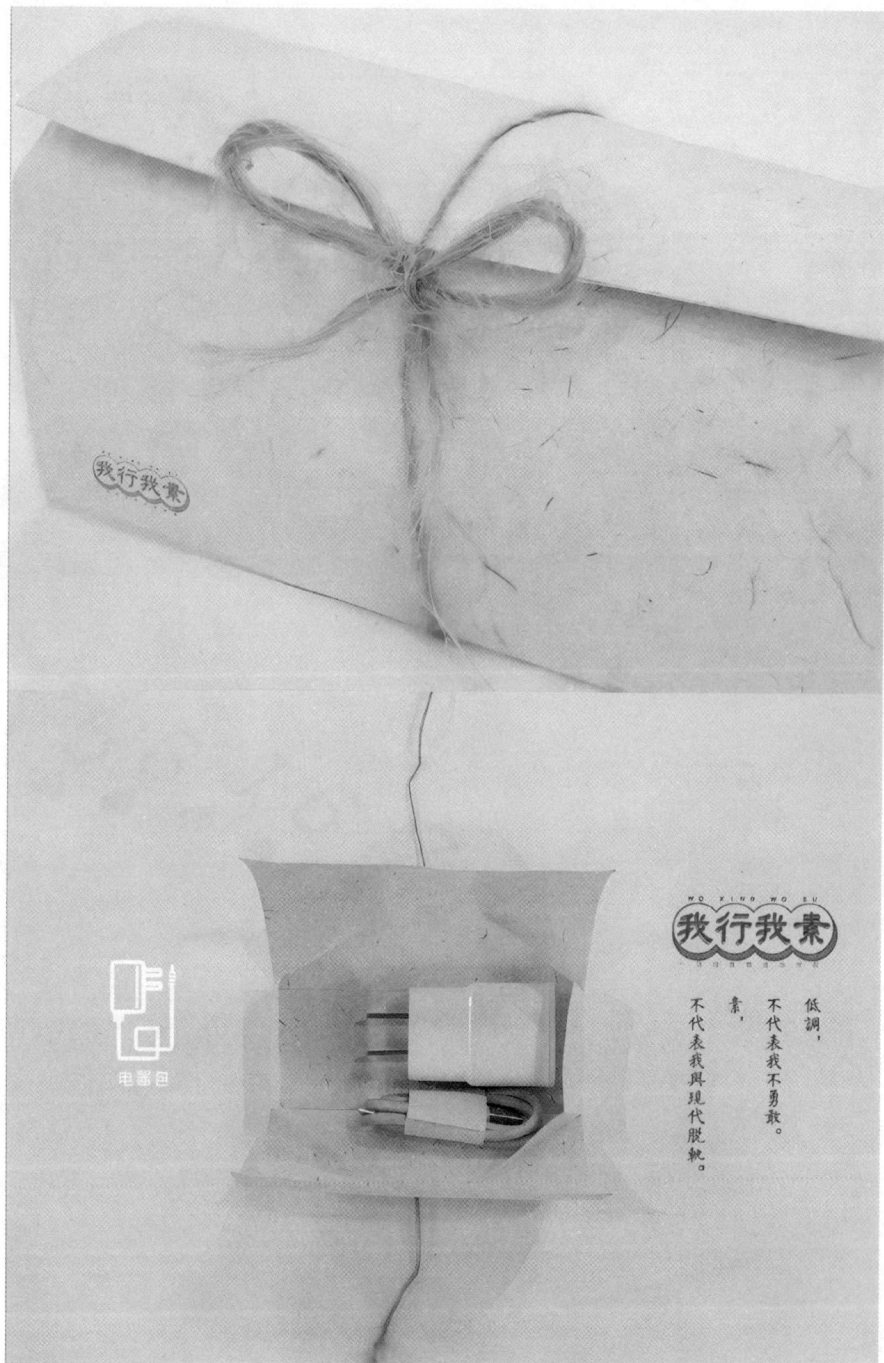

图3-28 "我行我素"环保旅游文创产品——罗佳蔚

（二）材质开发方法

（1）材料研究。通过对不同材料的性能、成本、来源等方面的研究，为材质选择提供依据。

（2）材料创新。在材料科学和工程的发展背景下，不断尝试新型材料，为文化产品创新设计提供更多可能。

（3）材料处理。通过表面处理、复合材料等技术，提升材料的性能和美观性。

（4）材料应用。将选定的材料应用到造型设计中，进行实际生产和测试，以验证材料的适用性和可行性。

文化产品创新设计中的造型与材质开发是一个相辅相成的过程。设计师需要在遵循设计原则的基础上，通过创意、表现和评价等方法，进行造型设计。同时，在材质开发方面，设计师需关注材料的功能性、美观性、文化性和环保性，通过材料研究、创新、处理和应用等方法，为文化产品创新设计提供有力支持。这样的产品才能在市场中脱颖而出，获得消费者的认可和喜爱。

图3-29　虎年桔祥1

图3-30　虎年桔祥——林少莹

（三）实例分析

以下是一些文化产品创新设计中，成功融合造型和材质开发的案例。

1.京剧脸谱陶瓷茶具

这款茶具以京剧脸谱为设计灵感，将传统文化元素与现代陶瓷材质相结合。在造型设计上，茶具巧妙地融入了京剧脸谱的特点，富有创意和个性。在材质开发上，选用了高品质的陶瓷材料，以保证产品的耐用性和美观性。

2.竹编艺术品

竹编艺术品是一种具有悠久历史的传统手工艺品。在创新设计中，设计师通过对竹子材质的深入研究和创新处理，赋予了竹编艺术品更多的可能性。通过对造型和材质的巧妙运用，竹编艺术品既传承了传统文化，又具有现代审美的特点。

图3-31　麻将新年文创产品设计——孙雨萱

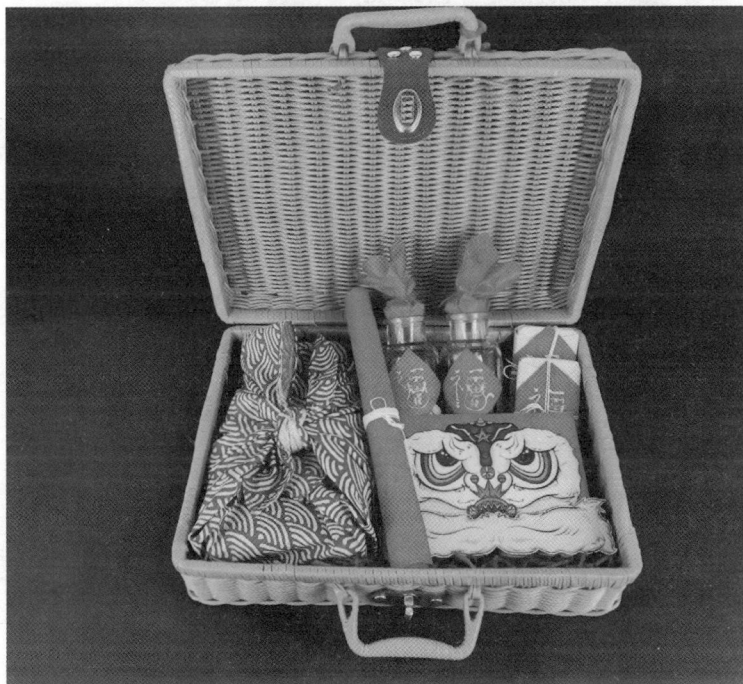

图3-32　麻将新年文创产品设计——孙雨萱

3. 3D打印文化创意产品

3D打印技术，又称为增材制造技术，通过逐层堆叠材料的方式将数字模型转化为实体物品。近年来，随着3D打印技术的不断发展和成本的降低，这项技术在文化创意产业中的应用逐渐增多，为文创产品注入了新的活力，为文化产品创新设计提供了更多的可能性。通过3D打印技术，设计师可以自由地创造各种复杂的造型，为产品赋予独特的个性。在材质开发方面，3D打印技术能够支持多种材料的应用，包括塑料、金属、陶瓷等，进一步拓宽了文化产品的设计空间。

3D打印技术为文创产品带来了无限的创意可能，使得设计师可以更自由地发挥想象力，创造出富有特色的文化创意产品。随着技术的进一步成熟和普及，3D打印技术在文创产业的应用将愈发广泛。

图3-33　年年有鱼新年文创设计（3d打印技术）——钟昀烩

三、文化产品创新设计中的造型与材质开发的未来趋势

随着科技的发展和市场需求的变化，文化产品创新设计中的造型与材质

开发将呈现以下趋势。

（1）定制化和个性化。越来越多的消费者追求个性化和定制化的产品，设计师需要针对不同的市场细分和消费者需求，进行更为精细化的造型与材质开发。

（2）智能化和互动性。随着物联网、人工智能等技术的发展，文化产品的智能化和互动性将成为一个重要的发展方向。设计师需要在造型与材质开发中，充分考虑智能化和互动性的需求。

（3）绿色环保。环保意识的日益增强，使得绿色环保成为文化产品创新设计的重要原则。设计师需要在造型与材质开发中，关注环保原则，选择可循环利用、生物降解等环保材料。

（4）跨界融合。文化产品创新设计将越来越多地与其他领域进行跨界融合，如科技、艺术、时尚等。设计师需要在造型与材质开发中，充分吸收跨界融合的优势，为产品创新设计提供更多的灵感。

图3-34 夜光月饼包装设计——曾婷

第五节　互为依存的IP与文创产品

IP（知识产权）和文创产品（文化创意产品）是密切相关的概念。IP通常指的是一种或多种知识产权，比如专利、商标、著作权等，它们通常涉及某种创意或者创新；文创产品则是基于这些知识产权创造出来的产品，比如电影、动漫、游戏、小说、音乐等。

文创产品通常依赖于IP的存在，因为这些产品的创意和创新都来自某种知识产权。同时，IP也可以为文创产品带来很多商业价值，比如可以用来进行授权、衍生品开发、品牌推广等。IP的价值越高，文创产品的商业价值也就越大。

除了带来商业价值，IP还可以为文创产品提供很多创作灵感。比如，某部电影或者小说的故事情节和人物角色可以做为其他文创产品的创作素材，从而为这些产品带来新的创意和灵感。因此，IP和文创产品之间的关系可以说是相互促进、互相依存的。

近年来，随着文化创意产业的兴起和知识产权保护的加强，IP与文创产品的融合已经成为一种新型的商业模式。下面来谈谈实现IP与文创产品的有效融合。

一、深入发掘IP价值

在将IP融入文创产品之前，需要对IP的背景、特点、主题等方面进行深入了解。这有助于找到IP与文创产品之间的共通点，从而设计出更具吸引力的产品。IP往往具有独特的文化内涵、故事背景等元素，可以将这些元素做为创意灵感运用到文创产品的设计中。例如，将卡通角色的特点融入玩具、文具等产品中，或将文学作品中的场景、情节应用到插画、摄影等领域。为了使IP与文创产品的融合更加紧密，还可以设计一些独特的IP元素，如标志、图案、字体等。这些元素不仅可以提升产品的识别度，还能增强消费者对IP的感情。也可以考虑将IP与当下流行的时尚元素相结合，创造出既具有IP特色又符合潮流的文创产品。例如，将热门IP角色与潮流服饰、饰品等结合，以满足年轻消费者的喜好。在设计IP文创产品时，还可以考虑增加故事性和互动性。通过讲述IP背后的故事，以及提供互动环节，让消费者更好地理解IP价值，增加产品的吸引力。

图3-35　扬州搓澡文创IP形象设计1

图3-36　扬州搓澡文创IP形象设计2

传统文化视域下的文创产品设计与开发创新研究

图3-37　扬州搓澡文创IP形象设计3

图3-38　扬州搓澡文创IP形象设计4

图3-39 扬州搓澡文创IP形象设计——孙璐

二、多元化授权

IP所有者可以通过授权的方式，与多个文创企业合作，实现产品线的多样化。这样既可以满足不同消费者群体的需求，也有助于提升IP的知名度和影响力。通过制定合理的授权策略，IP所有者需要根据自身的发展战略和市场定位，制定合理的授权策略。例如，可以选择与具有相似市场目标的企业合作，或者与不同行业的企业进行跨界合作，拓宽市场领域。另外，IP所有者需要对被授权企业的产品质量和形象进行监控，确保其符合IP的品牌定位和价值观，这有助于维护IP的形象，提高消费者的认可度。

三、利用好粉丝经济持续创新

首先，要了解粉丝需求。可以通过社交媒体、官方论坛等渠道，与粉丝进行互动，了解他们的需求和喜好。这有助于推出更符合市场需求的IP文创产品，增加其吸引力。然后根据粉丝的特点和喜好，设计一些专属于他们的文创产品，如限量版周边、个性化定制等，这样可以满足粉丝的个性化需求，增强他们对IP的忠诚度。其次，可以通过线上线下的活动，如主题聚会、粉丝见面会等，打造粉丝社群，这有助于增强粉丝之间的互动，提高IP的影响力。再次，可以鼓励粉丝参与IP文创产品的设计和推广过程，如征集设计作品、举办创意大赛等，这可以增加粉丝的参与度，提高他们对产品的认同感。最后，利用社交媒体平台，如微博、抖音等，进行IP文创产品的推广，这有助于扩大产品的影响力，提高市场份额。

第四章 文创产品设计中的文化转译

文创产品设计中的文化转译是一门巧妙的艺术，旨在将传统文化元素与现代审美融合，创造出能够跨越时空的独特作品。这种设计追求在传承中创新，通过将非物质文化遗产转译为当代语境的设计语言，使文化内涵得以传达和理解。文化转译不仅关注形式的美感，更注重对文化符号的深刻解读，使之在新的语境中焕发新的生命力。这种跨文化的设计方法不仅为传统文化注入现代活力，同时也为消费者提供了更富有深度和多元文化体验的机会。

第一节 创新思维在文创产品创新设计的运用

一、服务设计思维在文创设计与开发中的价值与作用

服务设计是设计师在当代设计过程中使用的一种设计方法思维。服务设计与产品设计之间的关系非常密切，因此服务设计与产品设计之间的关系是不可分割的。从设计方法的角度来看，在产品设计过程中应用设计思维服务

可以帮助设计师解决用户在产品功能和结构上的问题。

随着消费需求的不断升级和文化创意产业的快速崛起，服务设计思维在文创设计与开发中的价值和作用越来越受到人们的重视。服务设计思维是一种以用户为中心的设计方法，它通过深入了解用户的需求和行为，设计出更加贴合用户需求的产品和服务。在文创设计与开发中，服务设计思维不仅能够提高产品和服务的质量和用户体验，还能够创造出更具有文化内涵和创意性的作品。

（一）服务设计思维在文创设计与开发中的价值

1. 提高产品和服务的质量

服务设计思维强调以用户为中心，通过深入了解用户需求和行为，设计出更加贴合用户需求的产品和服务。在文创设计与开发中，服务设计思维能够提高产品和服务的质量，使得产品和服务更加符合用户的需求和期望。例如，在文创产品设计中，设计师可以通过用户调研和需求分析，了解用户对于文化产品的需求和偏好，从而设计出更加符合用户需求的产品。

2. 提升用户体验和满意度

服务设计思维强调以用户为中心，设计出更加贴合用户需求的产品和服务，从而提升用户体验和满意度。在文创设计与开发中，服务设计思维能够提升用户体验和满意度，使用户更加愿意购买和使用文创产品和服务。例如，在文创服务设计中，服务提供商可以通过用户调研和行为分析，了解用户的需求和行为习惯，从而设计出更加贴合用户需求的服务，提升用户体验和满意度。

3. 创造更具有文化内涵和创意性的作品

服务设计思维强调以用户为中心，通过深入了解用户需求和行为，设计出更加贴合用户需求的产品和服务。在文创设计与开发中，服务设计思维能够创造更具有文化内涵和创意性的作品，使文创产品和服务更加符合文化创意产业的发展方向。例如，在文化创意产业中的文创产品设计中，设计师可以通过深入了解文化内涵和历史背景，设计出更具有文化内涵和创意性的作品，使文化创意产业更加具有吸引力和竞争力。

4. 增加产品和服务的市场竞争力

服务设计思维强调以用户为中心，通过深入了解用户需求和行为，设计出更加贴合用户需求的产品和服务。在文创设计与开发中，服务设计思维能够增加产品和服务的市场竞争力，使文创产品和服务更加符合市场需求和趋势。例如，在文创产品开发中，通过服务设计思维的应用，设计师可以从市场需求和用户需求出发，设计出更加符合市场趋势和用户需求的产品，从而增加产品的市场竞争力。

（二）服务设计思维在文创设计与开发中的实际应用

1. 文化场馆的服务设计

文化场馆是文化创意产业中的重要组成部分，其服务设计对于提升用户体验和满意度至关重要。例如，上海大剧院在服务设计中采用了服务设计思维，通过用户调研和行为分析，设计出符合用户需求和特点的服务，从而提升用户体验和满意度。

2. 文创产品的设计

文创产品的设计是文创产业中的重要环节，其服务设计对于提高产品质量和市场竞争力至关重要。例如，北京故宫博物院在文创产品设计中采用了服务设计思维，通过深入了解用户需求和文化内涵，设计出更具有文化内涵和创意性的文创产品，从而增加产品的市场竞争力。

3. 文创服务的设计

文创服务是文化创意产业中的重要组成部分，其服务设计对于提升用户体验和满意度至关重要。例如，上海迪士尼乐园在文创服务设计中采用了服务设计思维，通过用户调研和行为分析，设计出更符合用户需求和特点的服务，从而提升用户体验和满意度。

总之，服务设计思维在文创设计与开发中具有重要的价值和作用，它能够提高产品和服务的质量和用户体验，创造更具有文化内涵和创意性的作品，并增加产品和服务的市场竞争力。在文化创意产业的快速发展背景下，服务设计思维的应用将会越来越广泛，成为文创产业发展的重要支撑。

二、文创设计的创新思维探索与研究

近年来，文创设计已成为一种热门的文化现象。在中国许多主要旅游景点展出的文化产品不再是"旅游纪念品"的印象。文创设计已延伸到企业、各类组织，推广文化理念，涉及的范围广泛。

（一）设计元素的创新探索

1. 服务设计思维的发展促进了设计观念的更新

中国一百多年的现代化积累了许多工业技术、知识和系统。"设计"是其中的重要组成部分，能够使我们把前人的终点作为起点。因此，设计创新可以在设计服务的框架内完成，为了满足当代用户的需求和展示审美体验，可以在服务设计思维的框架内完成迭代和升级。

2. 随着时代的变迁，各类带有时代烙印的元素不断融入产品

在设计中，与过去相比，产品设计更加注重以人为本的基础设计。加入不同类型的文化元素，丰富了文创产品的意义。例如，北京798艺术区和其他独特的艺术领域正在发展。挖掘、保护和促进工业文化遗产和现代企业文化正在各地兴起，一些可用于文化产品开发和设计的文化概念和资源得到了扩展，具有地域特色的工业文化文创类产品具有较大的市场发展空间。

3. 新世纪诞生了年轻人更加喜爱的各类潮流产品以及各类潮流亚文化

新时代的潮流文化正在逐渐成长。"国潮""潮玩"的兴起很快就会被年

轻一代所追随。除了卡通形象外，产品设计也引起了人们极大的关注，这些文创产品的设计，以框架系统化的核心造型展开，不断吸收新的文化元素。例如，品牌"泡泡玛特"通过挖掘和拥抱文化元素，与年轻艺术家和设计师一起创作童话、故宫、传统故事等一系列文化与创意产品。在这些创意产品中，中国传统文化元素是年轻用户最喜欢的产品设计。

（二）设计表现的创新探究

1.基于完善产品体验与交互，产品的体验感成为用户更加关注的重心

基于文化和功能整合设计文化和创意产品，强调适当的结构和实用性，提高文化和创意设计的质量，提高所用产品的耐用性。良好的载体文化、用户体验和人际互动可以使其更具竞争力。

最好的文化和创意产品不仅取决于文化载体、背景概念，还取决于合理的结构和细节。这也是评估产品质量的最重要标准之一。如今，对产品的需求、用户的文化和创造性不仅处于文化感知阶段，而且与日常生活中的文化元素更为密切。因此，合理的功能、细节和结构充分考虑了用户体验友好，这决定了产品是否更安全、更耐用、更实惠。

2.注重文创设计当中可持续的延伸设计

创意产品可持续设计的扩展也是文创产品设计和开发的创新目的之一。目前，文创产品设计将文化类产品的某些部分，比如产品外包装，扩展实用功能以实现最佳使用。创造性产品设计扩展了创新，减少了浪费，更有效地扩展了产品功能，并且传递了设计师的设计想法。在产品开发设计阶段，基于用户的需求，包装和产品的结构元素具有独特的文化内涵，可以改善完整的功能和用户体验，提高产品使用率。

（三）关于文创产品的推广及合作创新探索

全球的设计都注重"以用户为中心"的设计思维，跨界协作变得更加普遍，不断更新和改进设计创意。在此背景下，文化创意产品的设计与开发对

可持续创新与发展有了新的认识。

首先，我们可以尝试引进新的生产、培训和研究方法。在大学的合并过程中，可以利用研究和人才的优势，发展与公司更密切的合作。通过学校和机构之间的合作，提高产品竞争力和企业对市场的影响，这是一个渐进的过程。在设计师的参与下，公司产品开发团队将增加产品附加值，加强营销，完善平台设计，艺术家与设计师之间的合作将更加灵活有效。

同时，应适当利用其他商品的分配模式。零售业的主要趋势是"线下体验+网上销售"。这种模式可以有效地用于实现文化发展的目标。过去，我们注意到一些公司通过开发项目鼓励创新，这些公司专注于互联网、消费电子和其他领域，文化创意产品非常受欢迎，因为它满足了年轻用户的需求。简言之，将服务设计概念应用于创意产品的设计和开发可以增加创新空间，解决与使用创意产品相关的问题，提高其实用性，增加其可用性，更好地促进人与人之间的互动。

第二节　文创产品创新设计的原则与方法分析

一、文创产品的创新设计原则

第一，文化原则。文创产品的灵魂来源于文化，而非物质文化遗产为设计师提供了丰富的创意基础。在设计文创产品之前，设计师必须深入了解各种非物质文化遗产项目，挖掘项目的深厚内涵。通过科学方法，设计师能够在产品中巧妙地融入非遗项目的文化元素，使产品成为文化传承的载体。优秀的设计不仅仅是外观的呈现，更是对文化内涵的深刻理解，让更多的受众能够领略到非遗项目的独特魅力。

第二，功能性原则。文化产品的设计不仅仅应当停留在外观的艺术表达上，更需要考虑产品的实用功能。如果设计缺乏创新，或者不符合现代美学概念，那么即便再具有文化内涵，真正融入人们生活的可能性也会受到限制。因此，在文创产品设计中，功能性原则至关重要。设计师应当通过创新性的设计思维，使产品不仅仅成为收藏的艺术品，更能够实实在在地融入人们的日常生活，为用户提供实用的功能体验。

第三，创新原则。文化创意产品的设计需要立足于现代美学，巧妙地运用非物质文化遗产的创新展示方法。尽管中国文化遗产无形产品在一定程度上是创新性的，但同质性、生产率低、创新产品不足、产品普及度不高等问题仍然存在。创新原则强调通过现代审美眼光，挑战传统设计的界限，使文创产品在保持传统文化底蕴的同时，呈现出更具时代感和前瞻性的特质。通过创新，文创产品能够更好地迎合当代人的审美需求，增加其市场竞争力。

二、文创产品的设计开发要点

（一）文化深度

文化和创意产品的文化特征独特，不同于其他工业产品。在设计文化创意产品时，重要的是了解文化界限，避免设计水平低下。文化深度的表达不应局限于"形式"，文化元素的外部形式应以"神"为中心，现代设计方法和深度整合的应用将创造"意外有意""形外有形"，将文化元素和载体整合在一起，不会失去原有的产品布局文化、内容。这意味着设计师应该深入挖掘文化内涵，通过创新的方式展现传统文化的精髓，而这需要对文化的历史、传统、价值观等方面有深入的了解，从而让文化元素得以真正融入产品中。

图4-1 文创活字产品

图4-2 活字印刷纸

（二）古今融合

因为传统文化是中华民族文化的宝贵财富，其内容和形式丰富，具有该主题的文化创意产品占据了很大的市场份额。将传统与现代相结合，创造出高质量的文化创意产品，以满足人们对生活方式和美学的需求，已成为热门话题。这种融合能够让产品更加有趣、富有创意，同时也能够让传统文化焕发新的生命力。设计师需要将现代的设计语言与传统文化元素巧妙地结合起来，创造出新颖、富有创意的文创产品。

"京华印象"系列的玩偶积极探索融合新传统和文化的方法，使用环保PVC塑料，并使用设计模块来转换中国传统文化。用户可以在结构互动中体验个人乐趣，将审美和生活方式与个人形象相结合。除了日常生活中的辅助材料外，他们还可以将现代物质和非物质元素与传统文化元素相结合，探索传统与现代之间的联系。

（三）艺术审美

中国有五千多年的文明历史。各种工艺品，包括青花瓷、玉雕、刺绣、造纸、青铜、泥塑，都是中国文化的瑰宝。它反映了不同时代不同层次的技术和审美特征，值得继承和发展，但随着时代的发展，消费者的审美特征发生了深刻的变化。艺术审美可以说是文创产品的核心，设计师需要在产品的每一个环节上都注重审美的体验，从色彩的搭配、线条的流畅度、形状的美感等方面出发，打造出具有艺术价值的文创产品。

（四）绿色环保

"绿色设计"起源于20世纪60年代的美国反消费运动。本质是"3R1D"，即Reduce、Reuse、Recycle和De-gradable。绿色设计融入文化创意产品可以实现文化创意产品与环境之间的和谐、统一和可持续发展，并提高产品的附加值。在文创产品的设计开发过程中，应该注重材料的选择、工艺的使用、生产工艺的优化等方面，以减少对环境的污染。设计师需要注重产品的环保性，将环保理念融入产品的每一个环节中，创造出具有环保意识的文创产品。

从宏观角度来看，应该从整个产品系统开始思考环保问题，以减少对环境的影响；在微观层面上，应为产品本身选择环保材料，使其具有可生物降解性和环保性。内部结构也应充分考虑，以实现废料后拆卸和回收的灵活性。例如，联合国教科文组织在中国组织了一次关于主要视觉设计和衍生产品设计与开发的会议，其中为会议提供的官方纪念品秉承可持续发展的理念，官方纪念品定制笔记本由优质环保材料制成，所有这些都是99%的高可再生材料，使产品的各个方面都具有环保性和可再生性。另外，设计师也可以通过产品的功能和使用体验，激发用户的环保意识和责任感，以推动绿色环保的发展。

（五）品牌观念

随着消费文化的升级，消费者开始追求良好的服务和体验。鉴于新的消费理念，所有类型的产品都更加注重品牌。目前我国文创产品品类杂乱，同质化现象严重。塑造品牌形象、构建消费者心理印象对增强产品辨识度，提升竞争力尤为重要。随着文化创意产业的不断发展，文化创意产品的品牌化也越来越受到重视，文创品牌化的重要性不容忽视。

文化创意产品的品牌化对于企业的发展和文化创意产业的发展都具有重要的意义。品牌化可以提高产品的知名度和影响力，增加产品的市场竞争力和附加值，加强市场推广和宣传，促进文化创意产业的发展和品牌文化的传承和发展。因此，企业应该注重文化创意产品的品牌化，建立自己的品牌文化和品牌形象，提高产品的品质和附加值，推动文化创意产业的发展和文化繁荣。

第三节　文创产品创新设计的程序与评价探讨

一、文创产品市场调查

文创产品市场调研是计划和组织活动的一种方式。它必须遵循一些工作程序，能够系统地进行调查，然后达到预期结果。

（一）确定文化产品的主题和调查要素

根据调查目的的性质，可以分为三类：探索性调查、描述性调查和因果关系调查三种类型。

（二）制定文化产品调查计划

确定调查主题和目的后，营销人员必须制定自己的调查计划。创意产品调查计划的内容包括资料来源、调查对象、调查方法等项。

（三）确定文化产品的检验方法

在研究创意产品市场时，可以使用以下数据收集方法：深度访谈、直接观察和问卷调查。

（四）提交创意市场研究报告

在分析和处理温州市场调查数据的基础上，调查人员必须得出结论，并以调查报告的形式总结结果。通过调查报告，我们可以主要了解市场的现状，针对市场提出了设计策略和解决方案。

2018年4月，深圳国际会展中心在国家文化合作与供应链创新联盟论坛上首次提出了"文化创新供应链"的概念。它由五个部分组成，即"文化端""创意端""生产端""渠道端""消费端"。"文化端"是各大博物馆、景区等文化体；"创意端"是指"文化原创性"等文化创意团体；经由"生产端"的供应支持以及"品牌联合"实现批量生产；"渠道端"是指所有新型的消费渠道，如在线、离线和渠道的文化旅游；"消费端"由消费者组成。

二、文化创意产品的设计评价原则

文化创意产品设计是将文化元素、创意思维和市场需求相结合的过程。评价文创产品设计的原则，旨在为设计师和相关团队提供一套评判标准，以便更好地满足消费者需求和市场导向。以下是一些关键的评价原则。

（一）创意性

文创产品设计应具有独特性和创新性，能够为消费者带来新颖的视觉和使用体验。评价创意性时，关注以下几个方面。

（1）设计是否具有原创性和独特性。

（2）设计是否能够引起消费者的兴趣和好奇心。

（3）设计是否能够体现文化特点和内涵。

（二）文化性

文创产品设计应充分体现文化价值和特色，传承和弘扬文化精神。评价文化性时，关注以下几个方面。

（1）设计是否能够准确表达文化内涵和象征意义。

（2）设计是否尊重文化传统，避免不当的改编和误导。

（3）设计是否能够传递正面的文化价值观和理念。

（三）实用性

文创产品设计应具有实用性，满足消费者的功能需求和使用场景。评价实用性时，关注以下几个方面。

（1）设计是否考虑了人体工程学原则，提供舒适的使用体验。

（2）设计是否具有一定的功能性和普适性，适用于不同消费者群体。

（3）设计是否具备易用性，能够降低消费者的使用门槛和学习成本。

（四）美学性

文创产品设计应具有审美价值，为消费者带来愉悦的视觉体验。评价美学性时，关注以下几个方面。

（1）设计是否具有独特的美学风格和视觉语言。

（2）设计是否能够创造和谐的色彩、形态和布局关系。

（3）设计是否能够符合消费者的审美趣味和期待。

（五）可持续性

文创产品设计应考虑环保和可持续发展原则，减少资源浪费和环境污染。评价可持续性时，关注以下几个方面。

（1）设计是否使用了可循环、可降解或绿色材料。

（2）设计是否采取了节能、节水等环保措施。

（3）设计是否能够降低产品生命周期的环境影响。

（六）商业性

文创产品设计应具有市场潜力和商业价值，满足消费者需求和市场趋势。评价商业性时，关注以下几个方面。

（1）设计是否具有较高的市场认知度和潜在购买率。

（2）设计是否具备扩展性，能够在不同产品线和市场领域推广。

（3）设计是否能够提升品牌形象，增强消费者忠诚度。

这些原则可以帮助设计师和相关团队在文创产品设计过程中进行自我评估和改进，以实现更高质量的设计成果。同时，这些原则也可供相关评审机构和消费者参考，以便更好地理解和评价文创产品设计的价值和质量。

需要注意的是，这些原则并非一成不变的标准，而是需要根据具体的项目、市场和文化背景进行灵活运用和调整。设计师和相关团队应该时刻关注市场动态、消费者需求和文化发展，以便不断完善和提升文创产品设计的品质。

综上所述，文创产品设计评价原则包括创意性、文化性、实用性、美学性、可持续性和商业性等多个方面。这些原则可以帮助设计师和相关团队在文创产品设计过程中进行自我评估和改进，同时也为评审机构和消费者提供了评价标准。在具体应用时，需要根据项目和市场情况进行灵活调整和运用。

三、文创产品设计评价意义

随着时代的发展，现阶段的文化创意产品设计不再只是文化的一部分。文化创意产品必须符合一般特征和原则，否则它们将成为简单的艺术作品。毕竟，设计文化创意产品必须满足时代的审美和功能需求，为时代服务。现代文化创意产品的设计和评估必须形成传统和现代的有机结合。

第一，守真。设计必须符合事物的功能和意义，也就是说，在设计之初就满足期望和要求。这是最简单的设计要求，也是中国文化的具体要求。"中不偏，庸不易"，坚持正确的道路，最终实现和谐共处。在设计文化创意产品时，必须首先确定设计的目标和载体，并始终如此。同时，守真还要求对产品所依赖的文化内涵或背景必须"求真"，不虚构、不扭曲，求真务实才能完成出色的设计，才能称之为"文化创造力"。

第二，合道。文化创意设计必须能够体现中国文化的基本理念，适应主流。不仅必须在功能和形式上遵循文化理念，还必须考虑到文化理念充分反映人们的需求，这些需求反映在自然和谐中。在造型上充分利用古代的和现代的各种文化意象进行组合、解构、渲染。同时，手工艺品和材料也应该满足文化内涵的需要。"道之所在，存乎一心"，直指本心，才能得到最接近文化内涵的设计。

第三，入境。文化创意设计必须能够融入环境，而不是破坏环境。现代社会的人们生活方式与数千年前的古代人完全不同。设计与旧设计完全相同肯定不会被现代社会和消费市场所接受，也不会充满活力。如今，一些设计师固执地认为文化创意设计就是文化古迹的设计，他们仅仅是简单地印刷图案或复制原始模型的文物，导致许多表面粗糙，原始印刷品质量差或所谓的仿古品，虽乍看新奇，但也只能归于新奇了。因此，文化创意设计应该考虑到现代社会环境的需求。

第四节 基于文化转译的文创产品创新设计研究

近年来，中国人民的民族自豪感日益增强，国家的文化认同感有所提高，国家的尊严和自信得到了较好的体现。中国文化源远流长，为了体现中国特色，可以将有形和无形的符号与精神内容有机地结合起来。传统习俗、红色文化、地域文化、宗教信仰等不同元素的随机组合也可以引起良好的连锁反应，可以成为文化创意产品设计的灵感来源。

一、基于文化转译的产品创新本质

在后工业时代，经济结构已从经济中的原材料生产转变为服务经济。商品不仅是价值的使用，也是人们精神文化需求的满足。文创产品致力于有效整合价值观，突出人类产品的体验，让用户能够感受到内在的认同感。从时间的角度来看，在社会发展的过程中，不同时代的社会文化价值观定义独特的设计风格。

基本上，材料是在具有文化背景的不同学科中创建的，设计与文化的关系总结如下。

（1）设计是文化因素与文化背景下的表达和创造力的产物。

（2）设计生产文化，作品设计是文化的结晶。风格、流派、颜色、材料、结构、形状、组织等与设计本身一起形成一种文化。

（3）设计是一种动态的文化发展，它继承和发展文化，促进文化融合，并演绎新兴的文化。不存在脱离文化的设计，任何设计必然有其文化根源和文化价值。

胡适说文化是一种文明所形成的生活方式，费孝通也有关于文化的观点。[①]简单地说，文化就是生活。生活方式的变化直接或间接影响着人类社会思想的形成，包括精神和意识形态信仰、价值观、审美趣味、民族特征和道德观念。中国当代文创产品结合中国近现代社会的历史因素，体现了本土文化产品设计的基本模式。

二、传统文化在文创产品中的转译内容

文化创意产业是指以文化和创意为核心，以文化创意产品、文化创意服务和文化创意活动为主要表现形式的产业。在文化创意产业中，传统文化的转译是非常重要的一环。传统文化的转译可以为文化创意产品注入新的文化内涵和价值，使产品更具有文化特色和艺术感染力。

---

① 费孝通在北大讲座《从马林诺斯基老师学习文化论的体会》中也谈道："把文化看成生活的手段实际上是达尔文生物演化论的逻辑发展。人是为了要生活和生活得更好才创造文化，文化是为了生活，是生活得以运行的手段。"

（一）传统文化元素的提取

传统文化元素是指传统文化中所包含的独特元素和符号，如传统建筑、传统绘画、传统音乐、传统服饰等。在传统文化的转译中，首先需要进行传统文化元素的提取。通过对传统文化的深入研究和了解，提取出与文创产品相关的传统文化元素和符号，作为文创产品的设计元素和创意来源。

（二）传统文化元素的融合

传统文化元素的融合是指将传统文化元素和现代科技、创意设计手法相结合，进行重新演绎和再创作，形成具有现代特色和文化内涵的文化创意产品。在传统文化元素的融合中，需要考虑如何将传统文化元素与现代科技和设计手法相结合，使产品具有更高的创意性和艺术感染力。例如，在文创产品的设计中可以加入传统文化元素的图案、色彩、形象等，使产品更具有独特的文化特色和艺术价值。

（三）传统文化元素的传承

传统文化的转译不仅是将传统文化元素融入文创产品中，更重要的是要传承和传播传统文化。在文创产品的设计中，需要注重传统文化元素的真实性和准确性，保证传统文化的传承和发展。同时，文创产品的宣传和推广也是传承传统文化的重要途径，通过产品的宣传和推广，让更多的人了解和认识传统文化，促进传统文化的传承和发展。

（四）传统文化在文创产品中的应用案例

1. 故宫文具

故宫文具是以故宫文化为主题的文创产品，以故宫的建筑、器物、图案等为设计元素，设计出笔筒、笔记本、书签等多种文具产品。故宫文具的设计将传统文化元素与现代科技和设计手法相结合，形成具有现代特色和文化内涵的文化创意产品。通过故宫文具的推广和宣传，让更多的人了解和认识故宫文化，促进故宫文化的传承和发展。

2. 中国红

中国红是以中国传统文化为主题的红酒品牌，以中国传统文化元素为设计元素，设计出多款不同口味的红酒产品。中国红的设计将传统文化元素与现代科技和设计手法相结合，形成具有现代特色和文化内涵的文化创意产品。通过中国红的推广和宣传，让更多的人了解和认识中国传统文化，促进中国传统文化的传承和发展。

3.《康熙来了》

《康熙来了》是一档以中国传统文化为主题的综艺节目，通过康熙时期的历史背景、文化特色和人物故事，让观众了解和认识中国传统文化。《康熙来了》通过传统文化元素的提取和融合，将中国传统文化元素与现代综艺节目相结合，形成具有现代特色和文化内涵的文化创意产品。通过《康熙来了》的宣传和推广，让更多的人了解和认识中国传统文化，促进中国传统文化的传承和发展。

三、传统文化在文创产品中的转译方法

（一）层次分析法

层次分析法是一种有效的决策分析方法，用于解决多维度、多目标决策问题。在文创产品的文化转译中，也可以采用层次分析法进行分析和决策。以下是采用层次分析法分析文创产品中的文化转译的步骤。

1. 建立层次结构模型

首先需要建立文创产品中的文化转译的层次结构模型，包括目标层、准则层和方案层。目标层是指文创产品中的文化转译需要达到的目标，准则层是指实现这些目标需要考虑的准则和因素，方案层是指实现这些目标的具体方案和措施。

2. 确定准则和权重

在准则层中，需要确定实现文创产品中的文化转译的准则和因素，并为每个准则和因素赋予权重。准则和因素的权重代表了其对于实现文化转译目标的重要性和贡献度。例如，准则层中可以包括传统文化元素的准确性、文化内涵的传递效果、现代特色的融合程度等因素，并为每个因素赋予相应的权重。

3. 评估方案和权重

在方案层中，需要评估各种文化转译方案的优劣，并为每个方案赋予相应的权重。评估方案的优劣需要考虑准则层中所确定的因素和权重。例如，在方案层中可以将传统文化元素融入设计中，利用现代科技和创意设计手法进行重新演绎和再创作等，为每个方案赋予相应的权重。

4. 计算权重和排序

在确定了准则和方案的权重后，需要计算各个方案的总权重，并对方案进行排序。计算总权重可以采用层次分析法的计算公式，将各个准则和因素的权重乘以对应方案的得分，再将各个准则和因素的加权得分相加即可得到方案的总权重。通过排序可以获得最优的文化转译方案。

5. 实施和评估

在确定了最优的文化转译方案之后，需要实施和评估方案的效果。实施方案需要考虑实际的设计、制作和推广情况，评估方案的效果需要考虑文化转译的准确性、文化内涵的传递效果、现代特色的融合程度等因素。通过实施和评估不断优化和改进文化转译方案，推动文化创意产业的发展。

采用层次分析法可以有效地分析和决策文创产品中的文化转译问题，为文化创意产业的发展提供决策支持和指导。

（二）文化翻译法

文化翻译法是一种将文化元素从一种语言和文化转化为另一种语言和文化的方法，它可以帮助文化产品设计师更好地传达和表达文化内涵和精神。在文创产品设计中，文化翻译法可以应用于以下方面。

1.翻译文化符号和图像

文化符号和图像是文化传播和表达的重要手段，通过对文化符号和图像进行翻译，可以将其从一种语言和文化转化为另一种语言和文化，以便更好地进行文化传播和推广。此外，在设计文化主题的LOGO时，也需要将文化符号和图像从一种语言和文化翻译为另一种语言和文化，以便更好地进行品牌塑造和推广。

2.转化文化元素和形态

传统文化元素是文化创意产品设计的重要来源，将传统文化元素从一种语言和文化转化为另一种语言和文化，可以更好地进行文化元素和形态的创新和转化。例如，在设计传统文化主题的服装或家居用品时，需要将传统文化元素从一种语言和文化转化为另一种语言和文化，以便更好地进行文化元素和形态的创新和转化。此外，在设计文化主题的音乐、舞蹈、戏剧等艺术表演时，也需要将文化元素和形态从一种语言和文化转化为另一种语言和文化，以便更好地进行文化表达和传递。

3.传达文化内涵和意义

文化内涵和意义是文化创意产品设计的重要组成部分，通过将文化内涵和意义从一种语言和文化转化为另一种语言和文化，可以更好地传达和表达文化精神和价值。例如，在设计文化主题的博物馆展览时，需要将文化内涵和意义从一种语言和文化转化为另一种语言和文化，以便更好地进行文化传播和推广。此外，在设计文化主题的电影、电视剧等文艺作品时，也需要将文化内涵和意义从一种语言和文化转化为另一种语言和文化，以便更好地进行文化表达和传递。

4. 塑造文化形象和特色

文化形象和特色是文化创意产品设计的重要组成部分，将文化形象和特色从一种语言和文化转化为另一种语言和文化，可以更好地塑造和推广文化品牌和形象。例如，在设计文化主题的旅游产品时，需要将文化形象和特色从一种语言和文化转化为另一种语言和文化，以便更好地进行产品设计和推广。此外，在设计文化主题的餐厅、酒店等场所时，也需要将文化形象和特色从一种语言和文化转化为另一种语言和文化，以便更好地进行文化体验和传播。

图4-3　红色潮州文创图形设计——毛冉杰

图4-4　力落粽潮州端午文创设计——黄滕

5.促进文化交流和理解

文化交流和理解是文化创意产品设计的重要目标，将文化元素从一种语言和文化转化为另一种语言和文化，可以促进不同文化之间的交流和理解。例如，在设计跨文化主题的文创产品时，需要将文化元素从一种语言和文化转化为另一种语言和文化，以便更好地进行文化交流和理解。此外，在文化交流和合作项目中，也需要将文化元素和意义从一种语言和文化转化为另一种语言和文化，以便更好地促进文化交流和合作。

图4-5　漳州水仙瓷器烛台设计——黄敏

（三）文化解构法

对文化的分解和分析，可以揭示文化要素的内在关系和意义，以便更好地理解和传达文化内涵和精神。文化解构法是一种分析和理解文化内涵和要素的方法，它可以通过对文化要素的分解和分析，揭示文化元素的内在关系和意义，以便更好地理解和传达文化内涵和精神。在文创产品设计中，文化解构法可以应用于以下方面。

1. 理解文化内涵和意义

对于一些传统文化元素，如节日、习俗、传说、民间故事等，可以利用文化解构法进行分析和理解，揭示其背后的内在关系和意义，以便更好地将其应用到文创产品设计中。例如，在设计春节主题的文创产品时，可以通过对春节文化符号、传说和习俗的解构和分析，理解春节的文化内涵和意义，从而更好地进行产品设计和创新。此外，对于一些文化主题的展览和活动，也可以利用文化解构法进行分析和理解，以便更好地进行文化呈现和传播。

图4-6　鸡年利是封文创设计1

图4-7　鸡年利是封文创设计——沙景豪

2.设计文化符号和图像

文化符号和图像是文化传播和表达的重要手段，通过对文化符号和图像的分析和解构，可以揭示其内在的文化意义和象征意义，以便更好地进行文化符号和图像的设计和应用。例如，在设计文化主题的LOGO时，可以通过对文化符号和图像的分析和解构，理解其内在的文化意义和象征意义，从而更好地进行LOGO的设计和创新。此外，对于一些文化主题的海报和宣传物料，也可以通过文化解构法进行分析和设计，以便更好地进行文化传播和推广。

3.创新文化元素和形态

传统文化元素是文化创意产品设计的重要来源，通过对传统文化元素的解构和分析，可以发现其内在的文化价值和精神，以便更好地进行文化元素和形态的创新和转化。例如，在设计传统文化主题的服装或家居用品时，可以通过对传统文化元素的解构和分析，发现其内在的文化价值和精神，从而更好地进行文化元素和形态的创新和转化。此外，在设计文化主题的音乐、舞蹈、戏剧等艺术表演时，也可以通过文化解构法进行分析和创新，以便更好地进行文化表达和传递。

图4-8　送财黑虎·虎年文创品牌标志——何曦

图4-9　甘孜印象文创设计——陶凌飞

4. 突出文化特色和形象

文化特色和形象是文化创意产品设计的重要组成部分，通过对文化特色和形象的分析和解构，可以发现其独特之处和内在的文化精神，以便更好地突出文化特色和形象，增强文化产品的吸引力和竞争力。例如，在设计文化主题的旅游产品时，可以通过对文化特色和形象的分析和解构，理解其内在的文化价值和吸引力，从而更好地进行产品设计和推广。此外，在设计文化主题的品牌形象时，也可以通过文化解构法进行分析和创新，以便更好地进行品牌塑造和推广。

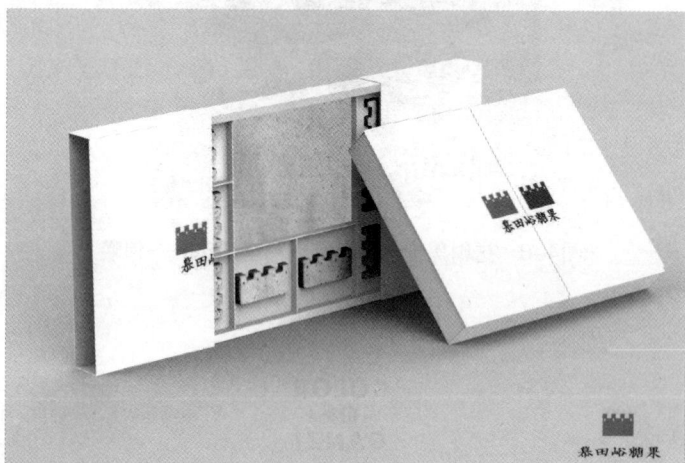

图4-10 可以吃的长城糖果1

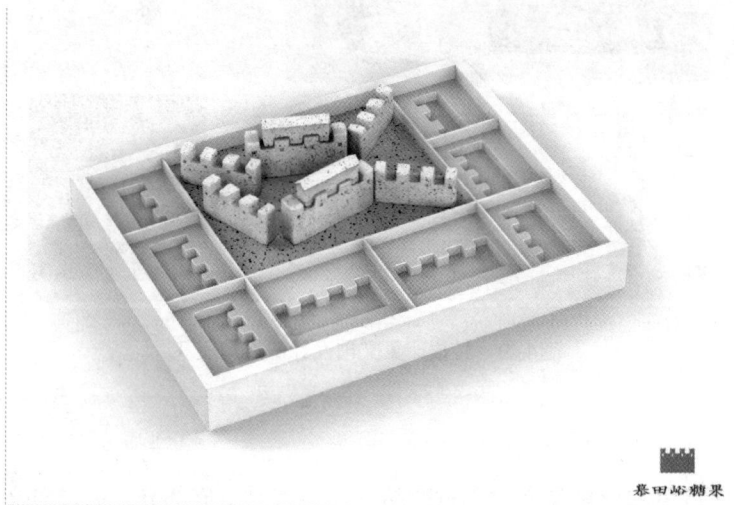

图4-11 可以吃的长城糖果——黄敏

5.引导文化认知和体验

文化认知和体验是文化创意产品设计的重要目标，通过对文化元素的分析和解构，可以引导观众对文化内涵和形态的深入理解和认知，以便更好地进行文化体验和传播。例如，在设计文化主题的博物馆展览时，可以通过对文化元素的分析和解构，引导观众对文化内涵和历史背景进行深入理解和认知，以便更好地进行文化体验和传播。此外，在设计文化主题的互动游戏和体验馆时，也可以通过文化解构法进行分析和设计，以便更好地进行文化体验和传播。

（四）故事转译法

故事转译法是将传统文化中的传说、故事、神话等转化为文创产品中的故事情节、主题、情感表达等。这种方法可以通过对传统文化中所蕴含的故事情节、人物形象、情感表达等进行提炼和创作，将传统文化中所蕴含的文化价值和审美情趣转化为文创产品中的故事情节和情感表达，使文创产品更加符合现代人的审美需求。

例如，在中国文化中，孔子是一位伟大的思想家和教育家，他的思想和教育理念对中国文化的发展和传承产生了深远的影响。在现代文创产品中，设计师可以将孔子的故事和思想转化为文创产品中的主题，创造出各种新颖的孔子文创产品，如孔子文化衫、孔子书签、孔子文化卡等。

（五）文化逆向移植法

文化逆向移植法是一种文化创意产品设计方法，它指的是将某一个文化元素从其原来的语言和文化背景中移植到另一个语言和文化背景中进行再创作，以达到创新、转化和融合的效果。文化逆向移植法在文创产品设计中的应用方法可以分为以下几个方面。

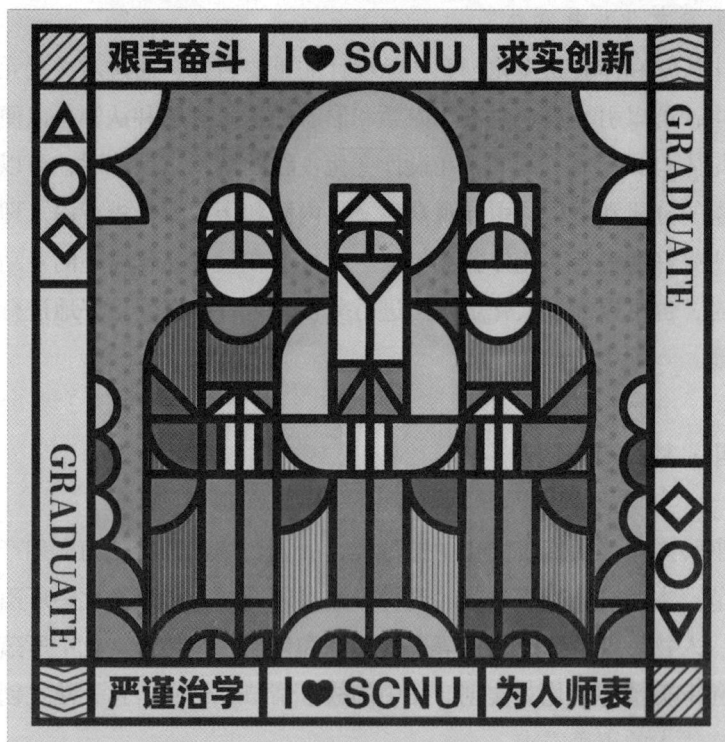

图4-12 三人行校园文创设计1

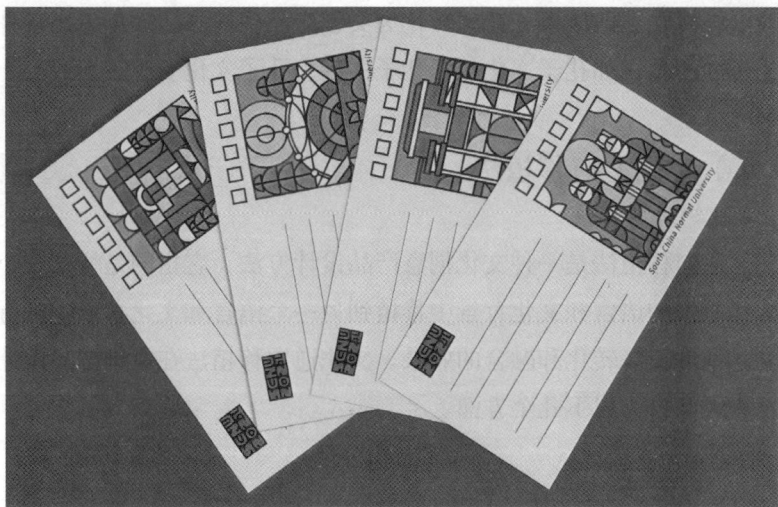

图4-13 三人行校园文创设计——高煜新

1. 寻找文化元素

文化逆向移植法的第一步是要寻找适合逆向移植的文化元素。这些文化元素可以是传统文化、当代文化、地方文化等，重要的是要有一定的文化特色和代表性。在寻找文化元素时，需要考虑到文化元素的可移植性，即该文化元素是否能够被移植到另一个文化背景中，并且是否有意义和价值。

2. 理解文化元素

在确定了适合逆向移植的文化元素后，需要对该文化元素进行深入的理解和分析。这包括了对文化元素的历史、文化内涵、象征意义、艺术表现形式等方面的研究。只有对文化元素进行全面的理解和把握，才能够更好地进行移植和创作。

3. 逆向移植

逆向移植是文化逆向移植法的核心步骤。在逆向移植时，需要将文化元素从其原来的语言和文化背景中移植到另一个语言和文化背景中，以达到创新、转化和融合的效果。逆向移植的方法可以是直接移植、拆分移植、合并移植等，具体的方法需要根据实际情况进行选择。

4. 创作设计

逆向移植完成后，需要进行创作设计。在创作设计时，需要将移植后的文化元素与另一个语言和文化背景进行融合，以创造出具有新的文化内涵和表现形式的文化创意产品。创作设计可以是视觉艺术、音乐、影视等方面的创作，也可以是产品设计、服装设计、建筑设计等方面的创作。

5. 评估推广

在完成创作设计后，需要对文化创意产品进行评估和推广。评估的重点是评价文化创意产品的文化内涵、审美价值和市场价值等方面，以便对文化创意产品进行调整和完善。推广的重点是将文化创意产品推向市场，让更多的人了解和喜欢这个具有新文化内涵和表现形式的文化产品。

图4-14 下棋x下蛋——可以玩的鸡年春节文创1

图4-15 下棋x下蛋——可以玩的鸡年春节文创2

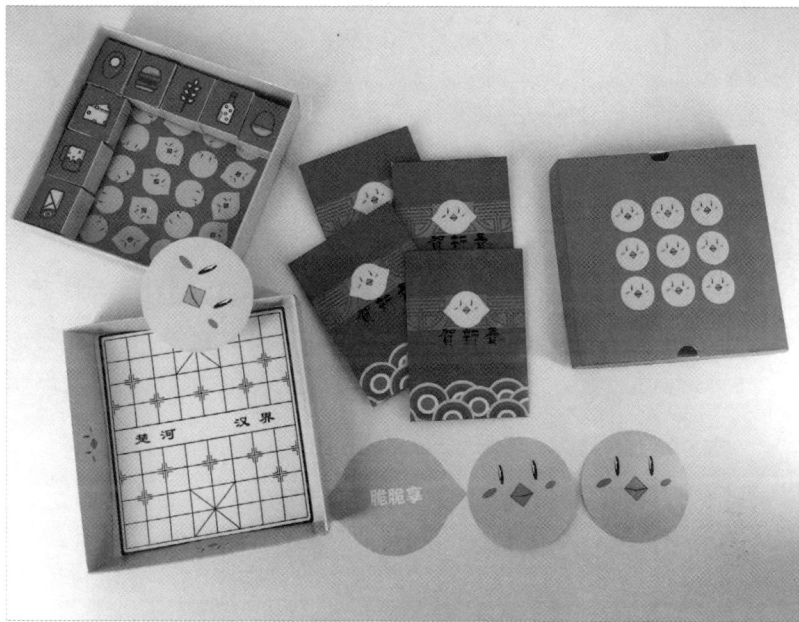

图4-16　下棋x下蛋——可以玩的鸡年春节文创3

第五章　中国传统文化在文创产品设计中的融入与再生

中国具有悠久的历史和灿烂多元、博大精深的文化，这些优秀的传统文化是设计的本源，更是文创产品设计丰富而宝贵的资源。研究中国传统文化，提取其中的文化要素，将它运用在文创产品的装饰设计、造型设计以及意蕴设计中，达到传统文化与现代设计完美融合，创造出有中国味道的文化产品，既有利于促进文创产业的发展，也有利于中国传统文化的保护、传承与创新。

第一节　中国传统文化融入文创产品设计中的重要性

中国传统文化是中国文化的重要组成部分，它不仅是中华民族的精神财富，也是世界文明的重要组成部分。在当今文化创意产业的发展中，将中国传统文化融入文创产品设计中，有以下几个方面的重要性。

一、丰富产品内涵

中国传统文化包含了丰富的符号、寓意和象征，可以为文创产品注入深刻的文化内涵。将传统文化元素融入文创产品设计中，可以通过形式、色彩、材质、结构等方面的设计，打造具有独特文化风格和视觉效果的产品。比如在进行纪念性文创产品设计时候，就可采用象征的手法。象征是以形象代表概念，运用象征的手法可以阐明与形象相关联的意义。最典型的象征手法有数目象征（如生日，革命纪念日等）、视觉象征（如品牌形象、纹饰等）、场所体验（如诗词意境、建筑等）。如，瞭望台U盘设计，将长城的瞭望台造型和U盘的外形进行关联，巧妙运用嘹望孔的弧线结构塑造U盘外侧的拼接口，形成一套可组合U盘设计。同时每个U盘既可单独使用，也可被拼合成完整的瞭望台造型。产品的包装盒既是外包装也是基座，四周有与U盘配套的插孔，方便使用，不易丢失，具有较强的实用性与纪念价值。

二、提高产品市场竞争力

文创产品需要具有独特的设计理念和文化价值，才能在市场中获得竞争优势。将传统文化融入文创产品设计中，可以为产品提供独特的文化符号和视觉效果，使其具有更高的市场竞争力。以"鱼"为例，中西方对鱼的理解存在巨大差异，鱼在中国有着美好的象征，当在设计作品中出现鱼，中国人自然就会联想到这个抽象符号所连带的一些特殊意义。

三、增强文化自信心

中国传统文化是我们民族的瑰宝，融入文创产品设计中可以增强我们对传统文化的认识和尊重，同时也可以展示中华文化的独特魅力和艺术魅力，增强我们的文化自信心。

四、传承和发展传统文化

不同的地域有不同的文化空间，所呈现的文化环境也必然不同。如在中国，长江流域的文化与黄河流域的文化不同，但它们同属于华夏文明；荆楚文化与赣皖文化不同，但它们同属长江流域文化；而荆楚文化又可以细分为屈原文化、三国文化等。在进行文创产品设计时，可以突出文化的个性，反映特定地域的自然风貌和风土人情。例如，吉林省吉林市缸窑在清朝是东北陶瓷较大产地之一，有"缸都""陶都"之称，文创产品"独钓寒江雪"利用当地"特产"吉林钦瓷为原材料，纹饰则用"夜看雾，晨看挂，待到近午赏落花"来表现吉林雾凇因时间变化之美。

将传统文化融入文创产品设计中，可以为传统文化的传承和发展提供新的途径和方式。通过文创产品的设计和创新，传统文化可以得到新的生命和发展，使其更好地适应现代社会的需要。

五、吸引国内外消费者

中国传统文化具有独特的魅力和吸引力，将传统文化元素融入文创产品设计中，不仅可以吸引国内消费者，还可以吸引海外消费者，增加产品的国际影响力。

"里九外七皇城四，九门八点一口钟。"这句话概括了老北京皇城根儿的城市规划。虽然大多数城门都已不复存在，许多地方也已不再是当年的风貌，但北京依然沿用着这些古老的地名作为这个城市的名片，向世人展示着北京悠久的历史。文创产品"皇城·门"这一系列的明信片用一张清朝时期的老地图，向人们悉数展现那些带有历史感的地名。纸品设计成本低，是比较好的文化传承的品类载体，也可以做得很有创意。

六、推动文化产业发展

文化创意产业作为推动经济发展和文化传承的重要产业之一，需要不断地进行创新和发展。将中国传统文化融入文创产品设计中，可以为文化创意产业的发展提供更多的资源和动力，挖掘传统文化的文化价值和商业价值，促进文化创意产业的发展。

七、培养创新人才

在传统文化中，蕴含了众多的智慧和创新精神，将传统文化融入文创产品设计中，可以为培养创新人才提供更多的机会和平台。通过文创产品的设计和创新，可以让学生深入了解传统文化的精髓和创新思维，培养他们的艺术修养、审美意识和创新能力。

八、传播中华文化

文化传播是中国传统文化的重要使命之一，将传统文化融入文创产品设计中，可以通过产品的推广和宣传，传递中华文化的价值观念和精神内涵，增强中华文化的国际影响力和文化软实力。

随着中国顶层设计提出全面复兴中国传统文化，出现了一大批"古老"而又年轻的节目，如《国家宝藏》《如果国宝会说话》等弘扬传统的文化类节目广受好评，这些节目之所以能成功，很大一部分原因就是注重与年轻人沟通和互动。中国的文创品牌要走出去，必须尊重中国的本土文化，同时符合国际审美。国际知名华人设计师刘传凯设计的上海世博会城市旅游纪念品——微风，将上海地标以中国特有的折扇形式表现，利用了中国传统香木扇的拉花、烫花、雕花等制作工艺，极具时代性和纪念意义。

九、促进文化多元发展

中国传统文化是世界文化的重要组成部分之一，将传统文化融入文创产品设计中，可以促进文化多元发展，推动不同国家和地区的文化交流和互鉴，增进人类文化的共同发展和繁荣。

十、保护传统文化遗产

中国传统文化作为中华民族的文化遗产，在现代社会面临着许多保护和传承的问题。将传统文化融入文创产品设计中，可以通过产品的设计和创新，保护传统文化的珍贵遗产，传承和发展传统文化。

将中国传统文化融入文创产品设计中，具有重要的意义和作用，可以培养创新人才，传播中华文化，促进文化多元发展，保护传统文化遗产，同时也可以为产品注入深刻的文化内涵和独特的文化符号，提高产品的市场竞争力，吸引国内外消费者，增强我们对传统文化的认识和尊重，展示中华文化的独特魅力和艺术魅力，为推动文化创意产业的发展和保护中国传统文化的珍贵遗产提供更多的资源和动力。

第二节　传统元素在文创产品设计中的融入

一、形式上的融合

形式上的融合是将传统元素的形式和表现方式融入文创产品的设计中。这种融合方式可以从图形、纹样、色彩、线条等方面实现。传统元素的形式和表现方式是文化的主要表现形式之一，它们具有独特的审美特征和文化内涵。因此，在文创产品设计中，将传统元素的形式和表现方式融入产品中，可以使产品更具有文化特色和观赏性，同时也可以为产品的创新和设计提供更多的可能性。

（一）传统图案

传统图案是传统元素中一种重要的表现形式，它们的形态和图案赋予了文化特色和艺术美感。在文创产品设计中，将传统图案融入产品的设计中，可以使产品更具有观赏性和艺术价值，同时也可以传承和弘扬传统文化。比如，将传统的花鸟画、山水画等元素的图案和色彩融入文创产品的设计中，可以让产品更具有传统文化的艺术美感和观赏性。

（二）传统纹样

传统纹样是传统元素中另一种重要的表现形式，它们有着丰富的意象和文化内涵。在文创产品设计中，将传统纹样融入产品的设计中，可以使产品更具有文化特色和艺术价值，同时也可以传承和弘扬传统文化。比如，将传统的云纹、莲纹、龙纹等元素的纹样融入文创产品的设计中，可以让产品更具有传统文化的艺术美感和观赏性。

（三）传统色彩

传统色彩是传统元素中一种重要的表现形式，不同颜色和色彩的组合赋予了文化特色和艺术美感。在文创产品设计中，将传统色彩融入产品的设计中，可以使产品更具有观赏性和艺术价值，同时也可以传承和弘扬传统文化。比如，将传统的红、黄、蓝、绿等元素的色彩融入文创产品的设计中，可以让产品更具有传统文化的艺术美感和观赏性。

（四）传统线条

在文创产品设计中，将传统线条融入产品的设计中，可以使产品更具有文化特色和艺术价值，同时也可以传承和弘扬传统文化。比如，将中国传统的元素如龙、凤、麒麟等作为设计元素的主要构成部分，可以使产品更加富有神秘感和艺术美感。

（五）传统建筑

传统建筑在中国文化中占据着非常重要的地位，它是中国文化的重要组成部分。传统建筑的历史可以追溯到几千年前的古代，是中国文化中最具代表性的一部分。传统建筑不仅仅是一种建筑形式，更是一种文化的传承和延续。传统建筑的建筑风格和建筑形式都有着独特的艺术价值和文化内涵，可以被应用于文创产品设计中。

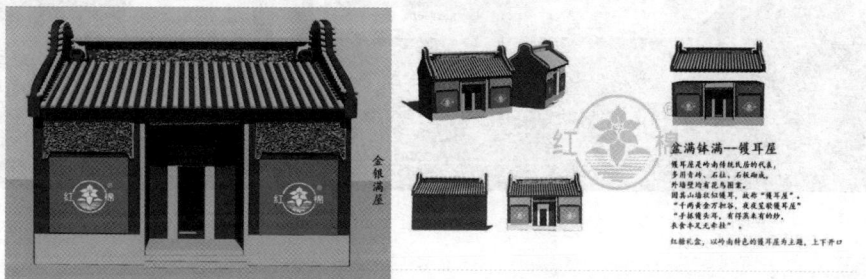

图5-1　盆满钵满——许美娇

传统文化视域下的文创产品设计与开发创新研究

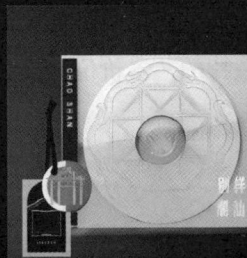

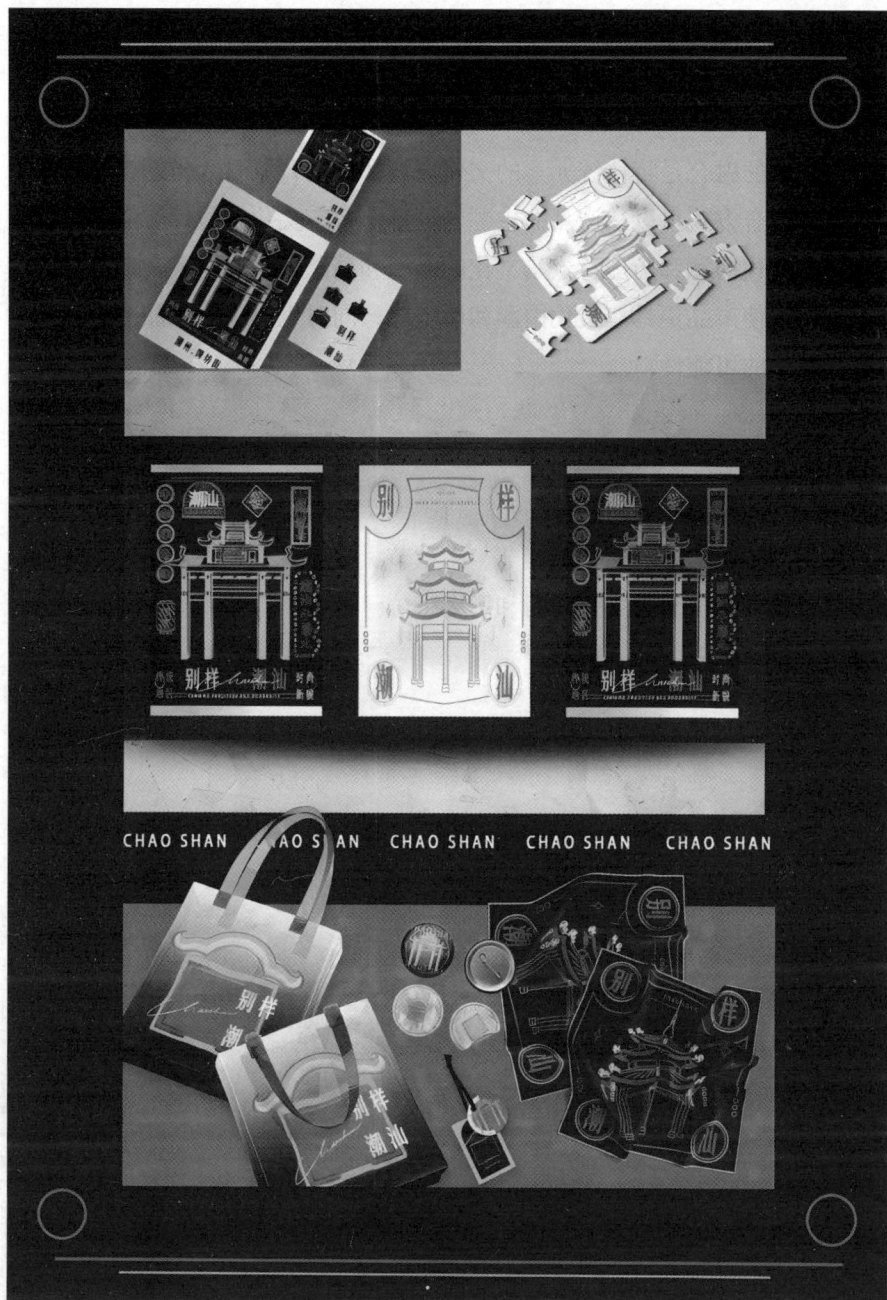

图5-2 别样潮汕文创设计——刘琦

二、内涵上的融合

内涵上的融合是将传统元素的文化内涵和历史背景融入文创产品的设计中。这种融合方式可以从产品的主题、故事情节、文化符号等方面实现。传统元素的文化内涵和历史背景是文化的灵魂和精髓,将其融入文创产品的设计中,可以使产品更具有文化内涵和历史感,同时也可以为产品的创新和设计提供更多的可能性。

(一)传统节日

将中国传统的节日文化如春节、中秋节、端午节等融入文创产品的设计中,可以让产品更具有文化魅力和历史感。

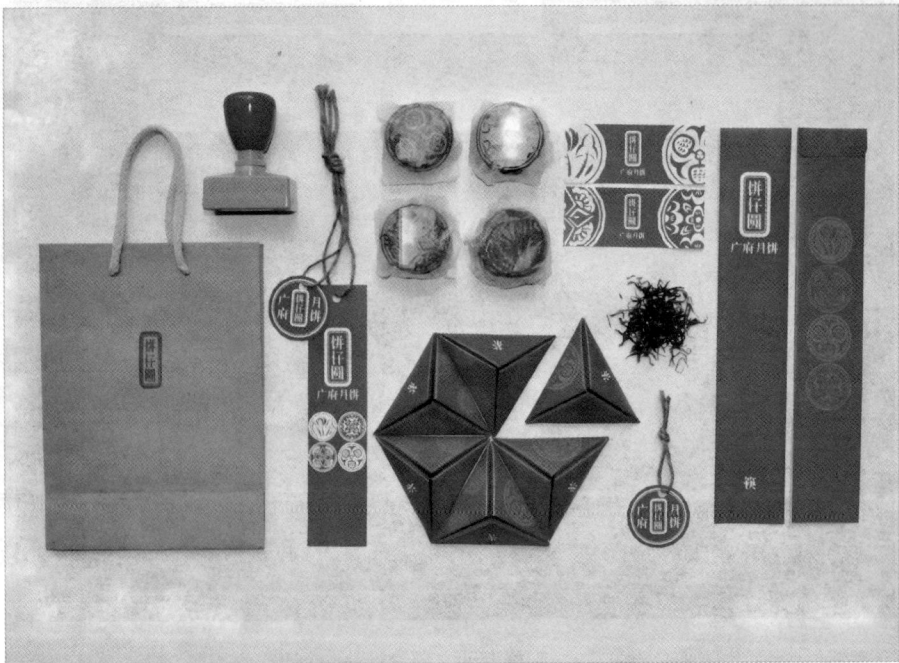

图5-3 广式月饼文创设计——童慧森

（二）传统故事

将中国传统的民间传说、历史故事等元素融入文创产品的设计中，可以让产品更具有文化魅力和历史感。

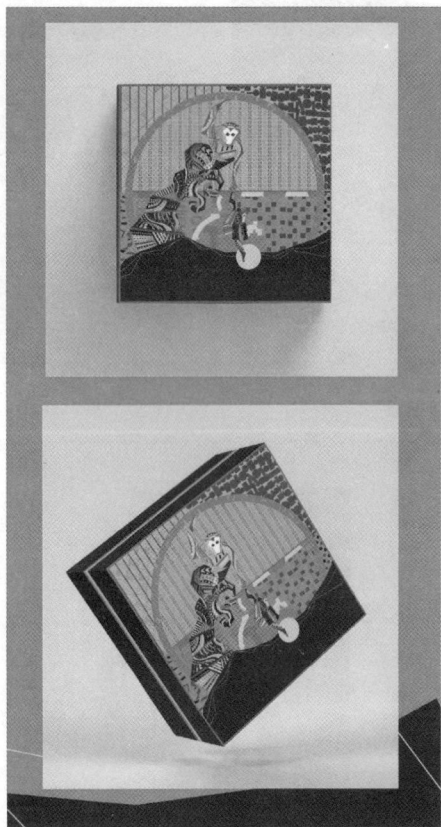

图5-4　猴子捞月·月饼包装设计

（三）传统文化符号

将中国传统的文化符号如八卦、五行、十二生肖等融入产品中，可以让产品更加具有中国文化的特色和魅力。

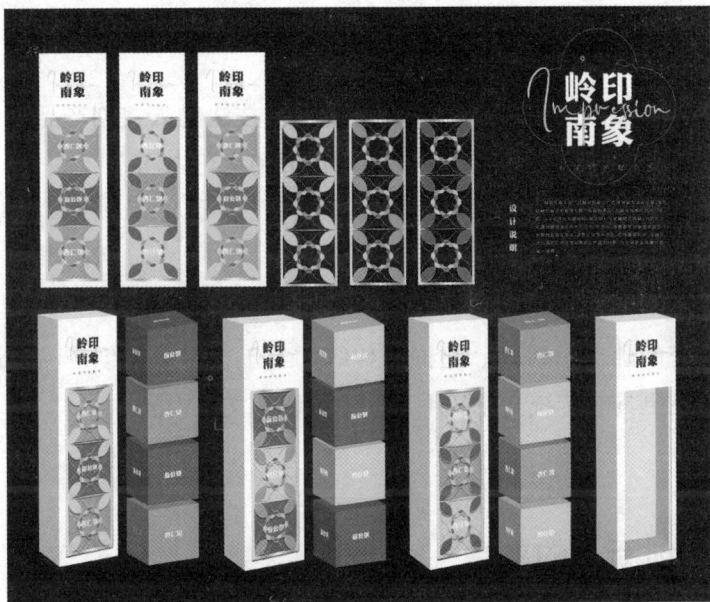

图5-5　岭南印象文创产品设计——许美娇

三、技艺上的融合

技艺上的融合是将传统元素的工艺技法和艺术表现形式融入文创产品的设计中。这种融合方式可以从产品的制作材料、工艺技法、加工工艺等方面实现。传统元素的工艺技法和艺术表现形式是文化的重要表现形式之一，它们具有独特的手工艺术价值和文化内涵。在文创产品设计中，将传统元素的工艺技法和艺术表现形式融入产品中，可以使产品更具有手工艺术价值和文化内涵，同时也可以为产品的创新和设计提供更多的可能性。

（一）传统制作材料

将传统的丝绸、陶瓷、木雕等传统制作材料融入文创产品的设计中，可以让产品更具有传统文化的手工艺术价值和文化内涵。

（二）传统工艺技法

将传统的刺绣、雕刻、绘画等传统工艺技法融入文创产品的设计中，可以让产品更具有传统文化的手工艺术价值和文化内涵。

（三）传统加工工艺

将传统的雕刻、拼贴、镶嵌等传统加工工艺融入文创产品的设计中，可以让产品更具有传统文化的手工艺术价值和文化内涵。

四、创新上的融合

创新上的融合是将传统元素与当代设计理念和技术手段相结合，创新出具有时代特色和文化内涵的文创产品。这种融合方式可以从产品的功能、形态、材料、技术等方面实现。在文创产品设计中，将传统元素与当代设计理念和技术手段相结合，可以创新出更具有时代特色和文化内涵的产品，同时也可以传承和弘扬传统文化。

（一）传统元素的再造

传统元素的再造是将传统元素进行重新解构、重组和创新，以创造出新颖、有趣、具有时代感的产品。在文创产品设计中，将传统元素进行再造，可以使产品更具有时代特色和文化内涵，同时也可以传承和弘扬传统文化。比如，将传统的元素如龙、凤、麒麟等进行重新组合和设计，创造出具有现代感和文化特色的文创产品。

（二）传统元素的升级

传统元素的升级是将传统元素进行升级和改良，以创造出更具有时代特色和文化内涵的产品。在文创产品设计中，将传统元素进行升级和改良，可以使产品更具有时代特色和文化内涵，同时也可以传承和弘扬传统文化。比如，将传统的红、黄、蓝、绿等色彩进行升级和改良，创造出更具有现代感和文化特色的文创产品。

图5-6　藏戏文创再设计——黄紫薇

岭南建筑装饰纹样及满洲窗图案的创新及再设计

文创设计运用设计

文创系统应用效果图3

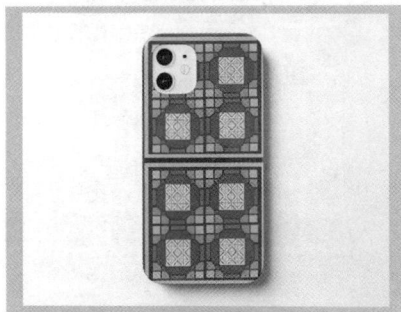

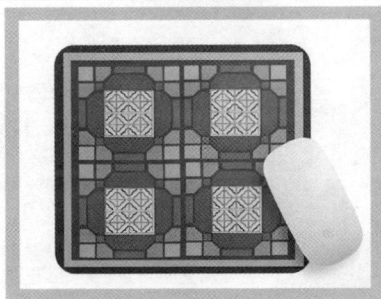

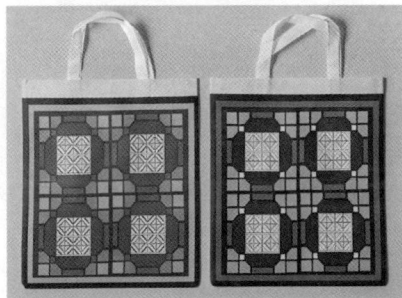

Application Of Cultural
And Creative Design

岭南建筑装饰纹样及满洲窗图案的创新及再设计

文创设计运用设计

岭南韵"文创系列——生活日用品

文创设计运用
Application Of Cultural
And Creative Design

文创系统应用效果图2

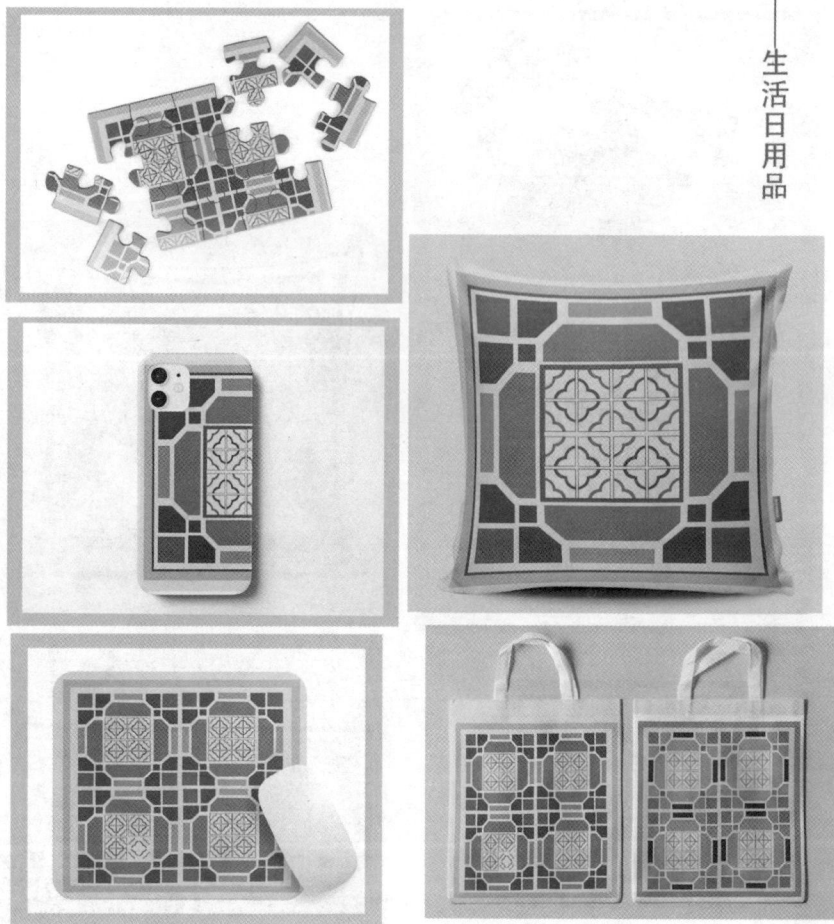

图5-7　岭南韵文创系列——李婷婷

（三）传统元素的跨界融合

传统元素的跨界融合是将传统元素与其他领域的元素进行跨界融合，以创造出更具有时代特色和文化内涵的产品。在文创产品设计中，将传统元素与其他领域的元素进行跨界融合，可以使产品更具有时代特色和文化内涵，同时也可以传承和弘扬传统文化。比如，将传统的中国文化元素与现代科技元素进行跨界融合，创造出具有科技感和文化特色的文创产品。

图5-8　珠海文创设计——陶凌飞，黄宇轩

图5-9　3d打印技术与造型的创新融合——刘致延

第三节　传统美学思想在文创产品设计中的融入

一、传统美学思想的概述

传统美学思想是指中国传统文化中的美学思想，它是中华文化的重要组成部分，具有独特的价值和意义。传统美学思想包括诸如儒家、道家、墨家、法家等各种思想流派，它们对于美的本质、美的标准、美的价值等问题提出了自己的看法和见解。传统美学思想的核心是以人为本，注重人的内在精神和情感体验，强调审美的主观性和个性化，追求内在的精神和气质的修养。

二、传统美学思想在文创产品设计中的融入

（一）美学共情

传统美学思想强调审美的主观性和个性化，注重人的内在精神和情感体验。在文创产品设计中，可以通过美学共情的方式，将传统美学思想融入产品的设计中，使得产品更具有情感共鸣和文化内涵。例如，将传统的山水画中的意境和气质融入文创产品的设计中，使得产品具有丰富的情感内涵和文化特色。

（二）美学审美

传统美学思想对于美的本质、美的标准、美的价值等问题提出了自己的看法和见解。在文创产品设计中，可以通过美学审美的方式，将传统美学思

想融入产品的设计中，使得产品更具有审美价值和文化内涵。例如，在文创产品的设计中，可以运用传统绘画中的色彩、线条、形态等元素，使得产品具有更高的审美价值和文化特色。

（三）美学意境

传统美学思想强调审美的主观性和个性化，注重人的内在精神和情感体验。在文创产品设计中，可以通过美学意境的方式，将传统美学思想融入产品的设计中，使得产品更具有情感共鸣和文化内涵。例如，在文创产品的设计中，可以运用传统诗词中的意境和情感，使得产品具有更加深刻的内涵和文化特色。

（四）美学形式

传统美学思想对于美的形式、美的表现方式等问题提出了自己的看法和见解。在文创产品设计中，可以通过美学形式的方式，将传统美学思想融入产品的设计中，使得产品更具有审美价值和文化内涵。例如，在文创产品的设计中，可以运用传统建筑中的形式和元素，使得产品具有更高的审美价值和文化特色。

（五）美学符号

传统美学思想强调审美的主观性和个性化，注重人的内在精神和情感体验。在文创产品设计中，可以通过美学符号的方式，将传统美学思想融入产品的设计中，使得产品更具有情感共鸣和文化内涵。例如，在文创产品的设计中，可以运用传统文化符号如龙、凤、麒麟等，使得产品具有更加深刻的内涵和文化特色。

三、传统美学思想在文创产品设计中的实践案例

（一）"禅意"茶具设计

禅意是中国传统美学思想中的重要概念，强调"无我""自然""平和"等精神内涵。在茶道文化中，禅意也是一个重要的概念，茶具设计也可以充分体现禅意的美学思想。例如，设计师王冬在其设计的"禅意"茶具中，运用了传统的青花瓷和石英石材质，融合了禅意的内涵和现代审美，使得茶具具有简约而不简单的美感，同时也传达了禅意的精神内涵。

（二）古典文化主题手机壳设计

手机壳作为一种文创产品，可以通过设计体现传统美学思想。设计师陈旭在其设计的古典文化主题手机壳中，运用传统的中国画和剪纸元素，融合了传统与现代的美学，使得手机壳具有浓郁的文化氛围和中国文化的特色。同时，设计师还在手机壳上加入了"福"字等传统文化符号，使得手机壳具有更加丰富的文化内涵。

图5-10　红色潮州文创设计——毛冉杰

（三）传统建筑主题手绘明信片设计

手绘明信片是一种传统的文化产品，可以通过设计体现传统美学思想。设计师张琪在其设计的传统建筑主题手绘明信片中，运用了传统的中国建筑元素，如屋檐、飞檐、雕花等，融合了传统与现代的美学，使得明信片具有浓郁的文化氛围和传统建筑的特色。同时，设计师还在明信片上加入了诗词等传统文化元素，使得明信片具有更加丰富的文化内涵。

在文创产品设计中，传统美学思想的融入可以使产品更加具有文化内涵和审美价值。传统美学思想可以通过美学共情、美学审美、美学意境、美学形式和美学符号等方式融入产品的设计中，使得产品更具有情感共鸣和文化特色。设计师可以通过实践案例的方式，从不同角度和领域，将传统美学思想融入文创产品设计中，使得设计更加具有深度和内涵。

第四节　传统手工艺在文创产品设计中的融入

一、传统手工艺的概述

传统技艺是指中国传统文化中的手工艺技术，它是中华文化的重要组成部分，具有独特的价值和意义。传统技艺包括陶瓷、织锦、木雕、漆器、剪纸、刺绣、民间歌舞等各种手工艺技术，它们通过传承和发展，积淀了丰富的文化内涵和技艺精髓。本书中将展开叙述陶瓷、织锦、剪纸、刺绣几个传统工艺在文创产品设计中的应用。

二、传统手工艺在文创产品设计中的应用

（一）陶瓷的应用

陶瓷制作是中国传统文化中的重要手工艺技术之一，具有悠久的历史和文化内涵。中国的陶瓷文化源远流长，自古以来就有"瓷器国度"的美誉。中国的陶瓷制作技术非常先进，从千年前的唐三彩、宋青瓷，到明代的景德镇瓷器、清代的宜兴紫砂壶，都彰显着中国陶瓷艺术的卓越地位。

1.传统图案的应用

陶瓷在文创产品设计中的一个重要应用是运用传统图案进行设计。传统图案是陶瓷文化中非常重要的一部分，具有深厚的文化内涵和审美价值。设计师可以在陶瓷器上运用传统的图案和纹饰，使得产品具有传统文化的特色和审美价值。例如，可以在陶瓷杯上绘制传统的青花图案，或者在陶瓷瓶上绘制传统的山水图案，通过这样的设计，可以让产品更加具有文化内涵和艺术价值。

2.现代元素的融合

陶瓷在文创产品设计中的另一个应用是将现代元素与传统陶瓷技艺进行融合。例如，可以在陶瓷器上印刷现代的图案或者文字，或者通过陶瓷器的造型和颜色来表达现代的审美观念。这样的设计可以让传统的陶瓷艺术更加适应现代社会的需求，同时也可以让现代社会更好地了解和认识传统的陶瓷文化。

3.创新的造型设计

陶瓷在文创产品设计中的另一个应用是创新的造型设计。陶瓷制作技艺非常先进，可以制作出各种各样的形状和造型。设计师可以通过创新的造型设计，让陶瓷器更加具有现代感和创新性。例如，可以设计出造型独特的陶瓷花瓶或者陶瓷餐具，通过这样的设计，可以让产品更加具有吸引力和竞争力。

4.质感和手感的提升

陶瓷在文创产品设计中的另一个应用是提升产品的质感和手感。陶瓷制作技艺非常精湛，可以制作出质感和手感非常好的产品。设计师可以通过陶瓷的质感和手感，使得产品更加具有触感和情感的共鸣。例如，可以设计出表面光滑、质感细腻的瓷器，或者设计出表面粗糙、质感厚重的陶器，通过这样的设计，可以让产品更加具有触感和情感的共鸣。

（二）织锦的应用

织锦，作为中国传统手工艺的代表之一，拥有着悠久的历史和丰富的文化内涵。随着文化创意产业的不断发展，织锦这一传统技艺正逐渐融入现代文创产品设计中。

1.产品设计的创新

将织锦技艺融入现代服装设计中，如将织锦元素作为图案设计搭配在时尚服饰上，展现出独特的中华文化韵味；将织锦技艺运用到家居用品设计中，如织锦抱枕、织锦桌布等，为现代家居生活增添一份传统美感；将织锦技艺与珠宝首饰设计相结合，如以织锦为底的胸针、发饰等，展现出与众不同的艺术魅力；将织锦元素融入文具礼品设计中，如织锦笔筒、织锦笔袋等，为文创产品注入传统文化气息。

图5-11　麻将文创设计——孙雨萱

2.跨界合作的创新

与时尚品牌合作：织锦技艺可以与时尚品牌进行跨界合作，将织锦元素融入时尚品牌的产品设计中，创造出独具特色的时尚单品；与艺术家的合作：与当代艺术家进行跨界合作，共同探讨织锦技艺在现代艺术领域的应用与发展；与科技企业的合作：与科技企业进行跨界合作，利用现代科技手段，如虚拟现实、3D打印等，为织锦技艺注入新的活力。

3. 创新传播方式

创设线上平台：利用互联网技术，为织锦技艺建立线上平台，通过线上销售、展示、教育等多种方式，推广织锦文化；开展体验活动：举办织锦技艺体验活动，让消费者亲自体验织锦制作过程，增强消费者对织锦文化的认知度和认同感；举办主题展览：通过举办织锦主题展览，展示织锦技艺在文创产品设计中的创新成果，提高织锦文化的影响力。

4. 展望织锦技艺在文创产品设计中的未来发展

（1）深化技艺传承：加强对传统织锦技艺的保护与传承，培养更多的织锦技艺传承人，为织锦技艺在文创产品设计中的创新发展提供人才支持。

（2）拓宽应用领域：继续探索织锦技艺在文创产品设计中的应用领域，将织锦技艺融入更多的产品设计中，满足消费者的多元化需求。

（3）提升品牌价值：通过创新产品设计和传播方式，塑造织锦技艺在文创产业的品牌形象，提高织锦技艺的品牌价值。

（4）推动国际交流：加强与国际文化创意产业的交流与合作，将织锦技艺推向世界，展示中华传统文化的魅力。

织锦技艺在文创产品设计中的创新融入是对传统文化的传承与创新，也是对现代生活美学的追求。通过将织锦技艺与现代设计元素相结合，为消费者呈现具有独特文化韵味和艺术价值的文创产品，同时也为织锦技艺的发展注入新的活力。在未来的发展过程中，织锦技艺还需要不断探索与尝试，以期在文化创意产业中发挥更大的作用。

（三）剪纸和刺绣的创新设计

在文创产品设计中，创新设计是非常重要的一部分。设计师们可以通过运用创新的设计手法，让剪纸和刺绣产品更加具有现代感和创新性。

1. 现代元素的融合

在当今社会中，现代元素的应用越来越受到人们的关注。设计师们可以将现代元素与传统剪纸技艺和刺绣技艺进行融合，使得产品更加具有现代感和创新性。例如，在剪纸艺术品上剪出现代的图案或者文字，或者通过剪纸艺术品的造型和颜色来表达现代的审美观念。这样的设计可以让传统的剪纸艺术更加适应现代社会的需求，同时也可以让现代社会更好地了解和认识传统的剪纸文化。

2. 创新的造型设计

剪纸制作技艺非常独特，可以剪出各种各样的形状和造型。在文创产品设计中，设计师可以通过创新的造型设计，让剪纸产品更加具有现代感和创新性。例如，可以设计出造型独特的纸雕艺术品或者剪纸装饰，通过这样的设计，可以让产品更加具有吸引力和竞争力。

图5-12　纸雕灯二十四节气文创设计——高煜新

3. 创新的材料和技艺

刺绣也是一种非常重要的传统手工艺，也可以被用于文创产品设计中。设计师们可以通过创新的材料和技艺，让刺绣产品更加具有现代感和创新性。例如，可以使用不同种类的线材和布料来创造出更加具有现代感的刺绣产品，同时也可以探索新的刺绣技艺，例如3D刺绣等。

4. 市场需求与剪纸、刺绣

在文创产业的发展中，市场需求是非常重要的一环。剪纸和刺绣产品作为文创产业的一部分，也需要满足市场上的需求。

5. 定位目标消费群体

在文创产品设计中，设计师们需要考虑产品的定位和目标消费群体。剪纸和刺绣产品可以被定位为高端文化艺术品或者是可爱的手工艺品等。同时，设计师们也需要考虑目标消费群体的需求和偏好，例如，对于年轻人而言，更喜欢现代感和创新性的设计；对于老年人而言，则更喜欢传统文化和经典设计。

6. 多元化的产品线

在文创产品设计中，设计师们需要考虑产品线的多元化。剪纸和刺绣产品可以被设计成不同的形状、尺寸、颜色和材质等，以满足不同消费群体的需求。同时，也可以设计出不同系列的产品，例如，以中国传统文化为主题的产品系列、以现代元素为主题的产品系列等。

7. 利用社交媒体进行推广

在当今社会中，社交媒体已经成为不可忽视的一部分。设计师们可以利用社交媒体进行产品的推广和宣传，让更多的人了解和认识剪纸和刺绣文化，并且了解到它们在文创产品设计中的应用。通过这样的方式，可以扩大产品的影响力和知名度，进而提高产品的销售额。

剪纸和刺绣作为中国传统手工艺品的代表之一，具有丰富的文化内涵和艺术价值。在文创产品设计中，剪纸和刺绣的应用不仅可以传承和发扬传统文化，同时也可以通过创新的设计手法和市场策略，让剪纸和刺绣产品更加适应现代社会的需求，并且满足消费者的需求和偏好。因此，剪纸和刺绣在文创产品设计中的应用，不仅是传承和发扬传统文化的重要手段，也是创新设计和市场需求的重要体现。

第五节　非物质文化遗产在文创产品中的融合与再生

　　非物质文化遗产是人类文化多样性的重要体现，是各民族、各地区特有的文化现象。通过对非物质文化遗产的保护与传承，可以强化民族的文化认同感，促进文化多样性的传承。非物质文化遗产还是各种文化传统的宝库，可以为现代文创设计提供丰富的素材和灵感。将传统文化与现代设计相结合，可以激发文化创新的活力，推动文化产业的发展。另外，非物质文化遗产具有很高的观赏价值和旅游价值。发掘和利用非物质文化遗产，可以丰富文化旅游产品，吸引游客，带动地方经济发展。宝贵的非物质文化遗产中包含了许多传统技艺，如民间手工艺、民间绘画等。将这些技艺融入现代文创设计中，不仅可以传承和发扬这些技艺，还可以为文创产业提供丰富的产品和服务。

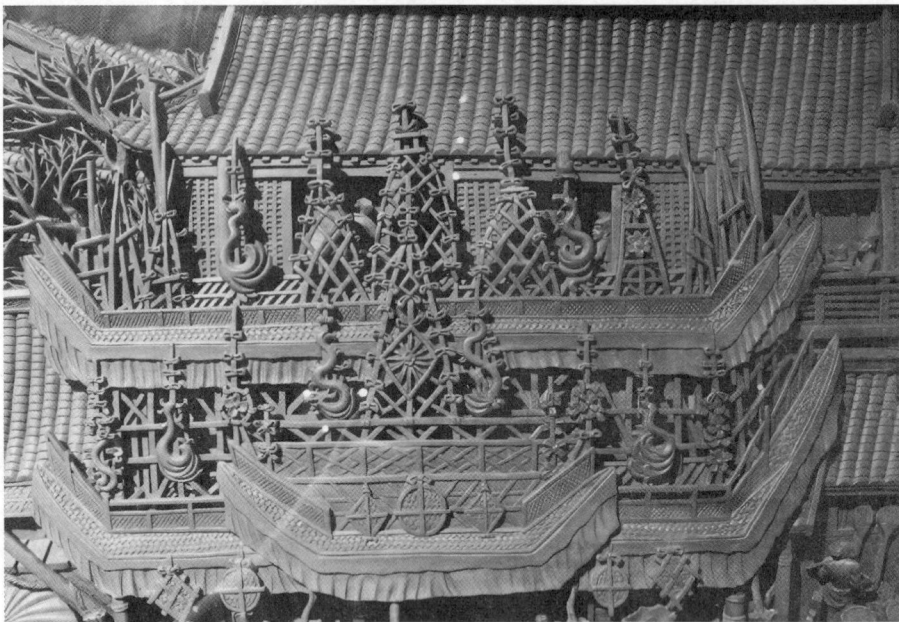

图5-13　非遗木雕——2.5d清明上河图（自摄）

一、传承非物质文化遗产的重要性

首先，非物质文化遗产是人类文化的重要组成部分，具有独特的历史、文化和艺术价值。传承非物质文化遗产可以保护文化遗产的多样性和独特性，防止文化遗产的流失和消失。保护文化遗产不仅是对人类文化传承的贡献，也是对人类文化的繁荣和发展的保障。其次，传承非物质文化遗产可促进文化多样性发展。文化多样性是人类文化的一种重要特征，也是人类文化发展的重要动力。传承非物质文化遗产可以保护和传承不同地区、不同民族、不同文化的特色和传统，促进文化多样性的发展，增强人类文化的多元性和丰富性。再次，传承非物质文化遗产可以推动文化创新和发展。非物质文化遗产是人类文化的重要组成部分，它蕴含了丰富的文化信息和知识，是文化创新和发展的重要源泉。通过传承非物质文化遗产，可以挖掘和利用传统文化的资源和智慧，推动文化创新和发展，为文化产业和创意产业的发展提供动力。最后，传承非物质文化遗产可以弘扬民族文化。非物质文化遗产是民族文化的重要组成部分，它是民族文化的精髓和瑰宝。通过传承非物质文化遗产，可以弘扬民族文化的精神和传统，增强民族文化的凝聚力和自信心，促进民族文化的发展和繁荣。

图5-14 潮州非遗——垫绣（自摄）

二、我国非物质文化遗产传承面临的问题

目前，我国非物质文化遗产的传承面临着以下几个问题。

（一）传承人才不足

传承人才不足是我国非物质文化遗产传承面临的主要问题之一。一些传统技艺的传承者已经年迈或者已经去世，而年轻一代对传统文化的热情不如以往，导致传承人才的缺失和传承链的中断。同时，传承非物质文化遗产需要长期投入时间和精力，而传承者的经济收益往往不高，难以吸引更多的人加入传承行列。

（二）传承环境不足

传承环境不足也是我国非物质文化遗产传承面临的问题之一。一些传统文化的传承场所已经消失或者改变用途，传承环境不足导致传承者无处传承和练习，传承链中断。

（三）市场需求不足

随着时代的变迁和生活方式的改变，一些传统文化的市场需求不足，传承者的生活和经济收益难以保障，导致传承者缺乏动力和信心。

（四）保护意识不足

一些传统文化受到现代生活方式的冲击，传承者和社会对其价值和意义的认识不足，导致保护工作的缺失和传承链的中断。

（五）传承方式不足

一些传统文化的传承方式主要依靠口传手艺和师徒传承，缺乏系统化的教材和标准化的教学体系，传承者的传授方式和效果难以统一和保证。

图5-15　木雕工作坊（自摄）

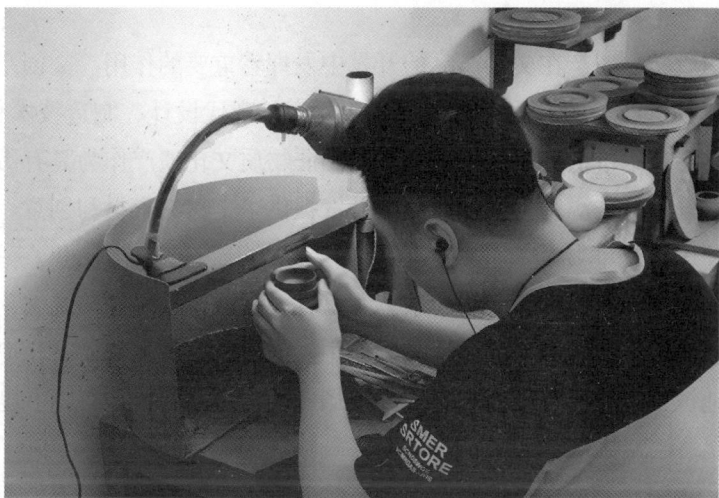

图5-16　非遗手拉壶工作坊（自摄）

三、目前非物质文化在文创产品的开发与现状

非物质文化遗产在文创产品的开发中发挥着重要的作用。文创产品是指通过文化创意产业的方式，将传统文化元素与现代设计、制造技术相结合，创造出具有艺术价值和实用价值的产品。非物质文化遗产作为具有历史、文化和艺术价值的资源，为文创产品的开发提供了丰富的素材和创意。

目前，我国非物质文化遗产在文创产品的开发中已经取得了一定的成果。例如，中国的剪纸、刺绣、茶艺、烹饪、书法、绘画等传统文化元素都被成功地应用于文创产品的设计和制作中。同时，一些非物质文化遗产项目也成功地被打造成具有较高知名度和市场影响力的品牌，如京剧、昆曲、评剧等。

虽然我国非物质文化遗产在文创产品开发中已经取得了一定的成果，但仍然存在一些问题和挑战。例如，一些传统文化元素被过度商业化和改变，失去了其原有的文化价值和艺术特色。同时，一些文创产品的设计和制作水平不高，难以满足消费者的需求和品质要求。

为了更好地开发和利用非物质文化遗产资源，需要加强传统文化的保护和传承工作，提高传承者的技能和素质，加强对非物质文化遗产的研究和挖掘，严格保护非物质文化遗产的知识产权，加强对文创产品设计和制作的管理和规范，加强市场监管等措施，以保证非物质文化遗产在文创产品开发中的合理利用和发展。

四、非物质文化遗产与文创设计的融合

除遵循前面所谈到的传统文化、传统工艺、美学思想等与文创设计的融入法之外，在把非物质文化与文创设计相结合的时候，还可以更多地思考以下几个方面。

（一）联合创作

将非物质文化遗产与现代设计相结合可以采取联合创作的方式。例如，可以邀请传统文化工艺师傅和现代设计师一起合作，共同开发具有传统文化元素和现代设计风格的文创产品。这样既可以保留传统文化的特色和精髓，又可以符合现代消费者的需求和审美。

（二）社区参与

将非物质文化遗产与现代设计相结合时，需要与当地社区合作，以确保设计作品符合当地人的文化和审美需求。这可以通过与当地手工艺人、艺术家和文化组织合作来实现。与当地社区的合作还可以促进当地文化的传承和保护。

（三）多角度思考

　　将非物质文化遗产与现代设计相结合需要多角度思考。除了从传统技艺和工艺入手，还可以从许多其他方面进行创新设计，如历史文化、地域特色、民俗风情等。例如，可以将传统文化的历史故事和传说进行现代化的表现，以便更好地吸引年轻人的注意力。

图5-17　嵌瓷x虎年文创——陈玉玲

第六节　红色文化在文创产品中的融合与再生

中国红色文化是指以中国共产党为主导的革命历史、精神和价值观念，在中国革命和建设的过程中形成和发展起来的文化体系。红色文化是中国现代史和文化的重要组成部分，具有深厚的历史和文化内涵。

中国红色文化的内涵十分丰富，包括革命历史、革命精神、革命文化、革命艺术等方面。红色文化强调理想信念、革命精神、集体主义、奋斗精神等价值观，并通过具有纪念意义的地方、纪念物、纪念馆等形式，传承和弘扬革命历史和文化。

在中国的文化建设中，红色文化一直是一个重要的方向和内容。中国政府通过加强红色文化的保护和传承，推动红色文化的再生和发展，让更多的人了解和认识革命历史和文化，弘扬爱国主义精神和中华优秀传统文化，促进全社会的文化自信和文化认同。同时，红色文化也成为中国文化产业的一个重要领域，许多文创企业和文艺团体通过创新设计和表现方式，将红色文化元素融入文创产品和演出中，推动红色文化的创新和发展。

一、可用于文创设计的红色文化载体

红色文化载体是指承载红色文化内涵、精神和价值观的各种形式。

（1）红色故事。红色故事是传承红色文化的重要载体，包括红色英雄事迹、红色历史事件等。这些故事体现了革命先烈们的英勇无畏、顽强拼搏和无私奉献精神，可以通过讲述、书写、影视作品等形式传播，激发民族自豪感和爱国情怀。

（2）红色符号。红色符号是具有象征意义的红色文化元素，包括红色革命旗帜、红星等标志性符号。这些符号代表了中国共产党的信仰、理念和追求，具有强烈的政治意味和历史内涵，可以通过视觉艺术、设计、纪念品等形式传播。

（3）红色歌曲。红色歌曲是红色文化的重要组成部分，包括《义勇军进行曲》《歌唱祖国》《红旗颂》等具有红色精神和民族情感的歌曲。这些歌曲传承了革命先烈们的英勇精神，可以通过演唱会、广播电视、网络平台等方式传播，弘扬爱国主义精神。

（4）红色诗词。红色诗词包括毛泽东诗词、红色革命诗歌等，体现了革命领导人和革命战士们的思想觉悟和精神风貌。红色诗词可以通过教育、出版、朗诵等形式传播，提高人们的文化素养和精神追求。

（5）红色艺术。红色艺术是红色文化的具象表现，包括红色木刻画、红色剧场、红色电影等艺术形式。这些艺术作品以革命题材为主，强调英雄主义和集体主义精神，可以通过展览、演出、电影放映等形式传播，提升人们的美育品位。

（6）红色遗址。红色遗址是记录红色历史的实物载体，包括革命根据地、红色旅游景点、红色纪念馆等遗址。这些遗址见证了革命历程的重要时刻，具有很高的历史价值和纪念意义，可以通过红色旅游、实地考察、红色教育等方式让更多人了解和传承红色文化。

二、中国红色文化在文创产品中的应用

（一）红色文化主题的文创产品

中国红色文化主题的文创产品主要包括各类文创商品、文创衍生品、文创旅游产品等。这些产品通过运用中国红色文化元素，如革命英雄的形象、地标革命场所的建筑、革命文化的符号，来呈现中国红色文化的历史、精神和文化价值，同时也满足了人们对于红色文化的认知和情感需求。例如，以延安、井冈山等革命历史地标为主题的文创旅游产品：旅游文化衫、书签、明信片等。

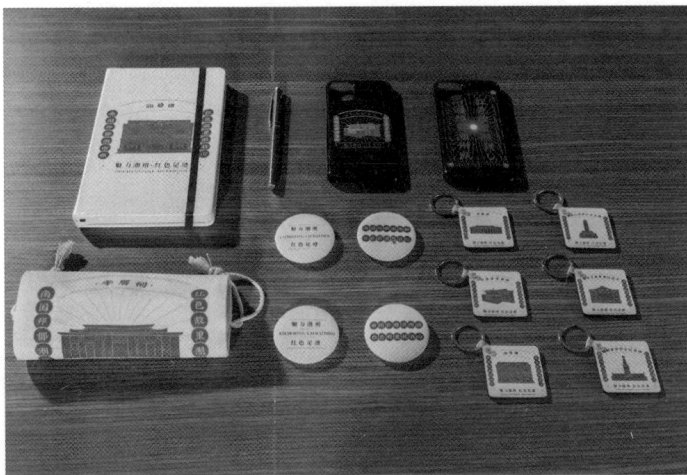

传统文化视域下的文创产品设计与开发创新研究

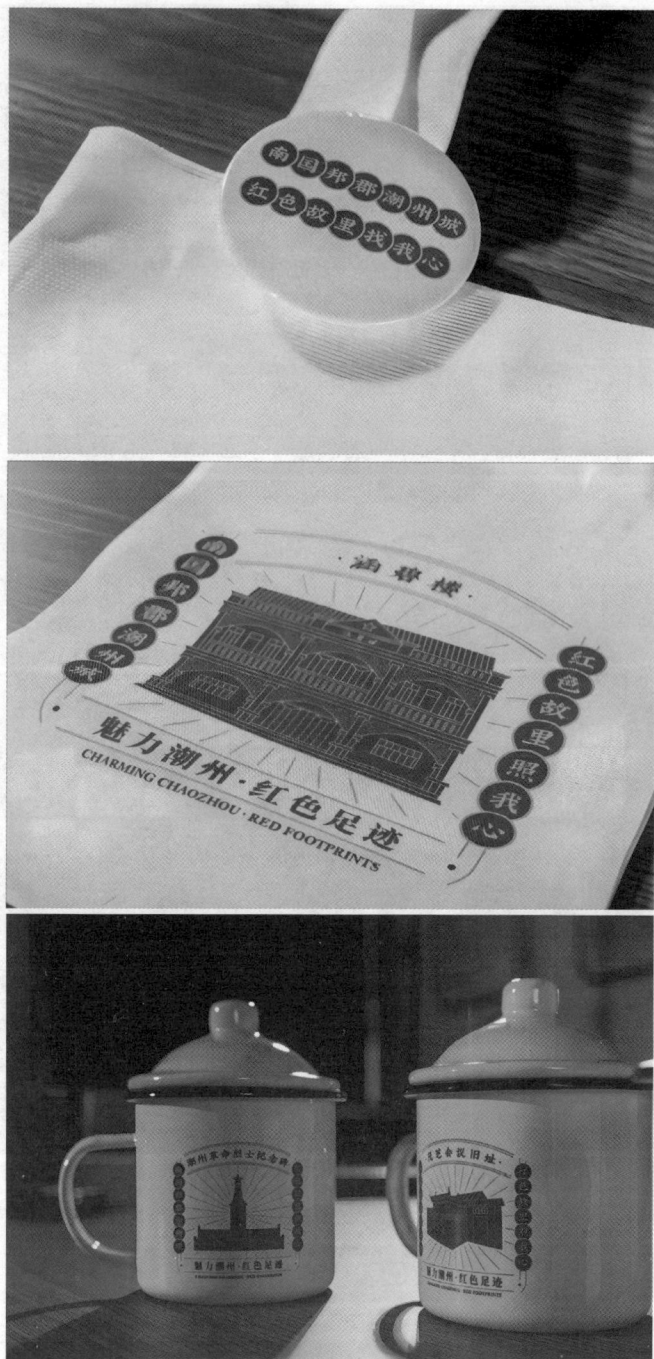

图5-18　红色文化主题的文创产品

（二）红色文化艺术品

红色文化艺术品是以中国红色文化为主题的艺术品，包括书画、雕塑、摄影、影视作品等。这些艺术品通过运用中国红色文化的元素，如革命历史事件、革命英雄形象、革命文化符号等，来表现中国红色文化的历史、精神和文化价值，同时也满足了人们对于红色文化的审美需求。例如，以革命英雄形象为主题的书画、雕塑作品，以革命历史事件为主题的影视作品等。

（三）红色文化主题的游戏、动漫产品

红色文化主题的游戏、动漫产品是通过运用中国红色文化元素，如革命历史事件、革命英雄形象、革命文化符号等，来呈现中国红色文化的历史、精神和文化价值的游戏、动漫产品。例如，以革命历史事件为素材的游戏产品，如《抗日英雄传》《红色警戒》等，以革命英雄形象为素材的动漫产品，如《铁血娘子军》《战狼传说》等。

（四）红色文化主题的教育产品

红色文化主题的教育产品是以中国红色文化为主题的教育产品，通过运用中国红色文化元素，如革命历史事件、革命英雄形象、革命文化符号等，来呈现中国红色文化的历史、精神和文化价值，同时也满足了人们对于红色文化的教育需求。例如，以革命历史事件为教材的历史教育产品，以革命英雄形象为教材的公民教育产品等。

三、中国红色文化在文创产品应用中面临的挑战和发展

中国红色文化在文创产品中的融合也面临不少的挑战。首先，是历史文化的传承与创新的平衡问题。在文创产品中应用中国红色文化，需要既尊重

历史文化的传承，又满足现代人的审美需求和娱乐需求，需要在历史文化的传承与创新之间找到平衡点。其次，是文创产品的市场竞争与文化价值的平衡问题。在文创产品中应用中国红色文化，需要既满足市场竞争的需求，又保持文化价值的完整性和纯粹性，需要在市场需求与文化价值之间找到平衡点。最后，是红色文化元素的创新和丰富问题。在文创产品中应用中国红色文化，需要不断创新和丰富红色文化元素，以适应不同人群的需求和审美趋势，需要在红色文化元素的创新和丰富之间找到平衡点。中国红色文化在文创产品中的应用还有很大的发展空间。未来，应该在传承红色文化的基础上，不断创新和丰富文创产品，满足不同人群的需求和审美趋势，让中国红色文化在文创产品中发挥更大的作用，促进中国文化的传承和发展。

第七节　校园文化在文创产品设计中的融入与再生

校园文创是指在校园内开展的文化创意活动和项目，旨在挖掘和发掘校园文化资源，推动校园文化建设和发展。校园文创的创作思路可以从以下几个方面进行阐述。

一、突出校园特色

校园文创的创作思路首先要突出校园特色。每所学校都有其独特的校园文化，可以从校园历史、校园建筑、校园传统、校园地理等方面入手，发掘校园文化的内涵和价值，结合现代设计的理念和方法，创新设计和表现方式，打造出具有独特价值和吸引力的校园文创产品和活动。例如，在校园文化展中，可以以学校历史为主题，通过展示学校的发展历程、校园文化遗产、名人故事等方式，让师生们更好地了解学校的历史和文化。在校园文艺比赛中，可以以学校特色文化为素材，创作出具有校园特色的文艺作品，展现学生的创新能力和文化素养。

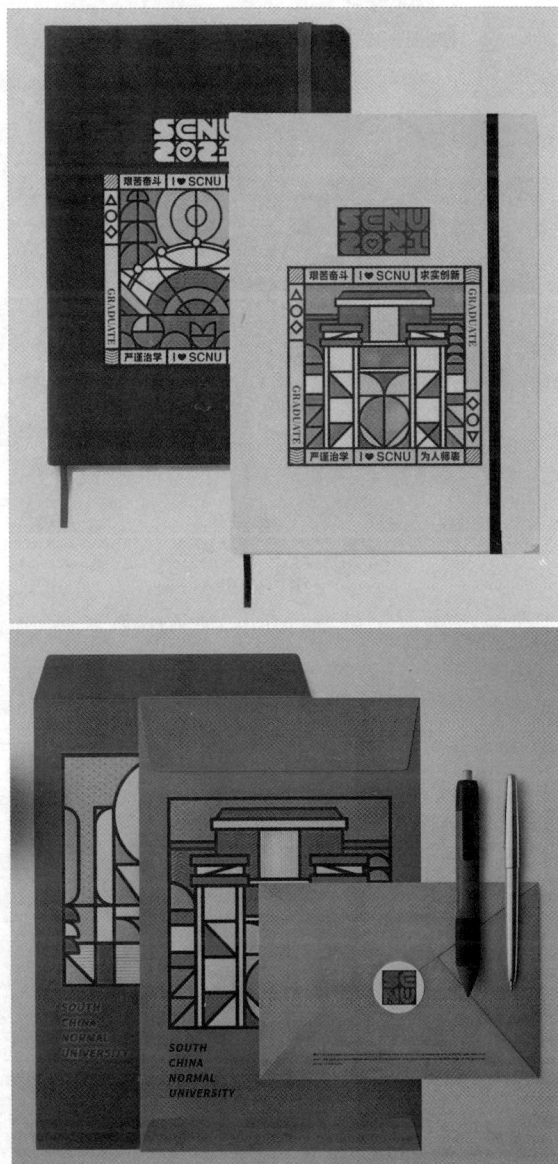

传统文化视域下的文创产品设计与开发创新研究

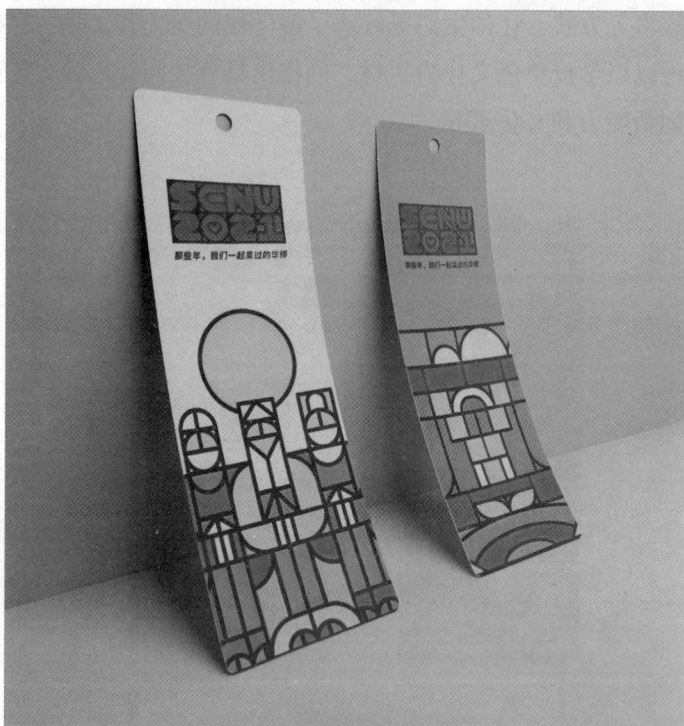

图5-19　华师大校园文创设计——高煜新

二、注重文化创新

　　校园文创的创作思路还要注重文化创新。文化创新是校园文创的核心，是推动校园文化创意产业发展的重要驱动力。文化创新需要融合传统文化和现代文化，创造出具有独特文化价值和时代意义的文化产品和服务。例如，在校园文化创意比赛中，可以以传统文化为素材，创作出具有现代感的文化作品，展现传统文化的时代价值和现代表现方式，又可以以当代年轻人喜欢的潮流文化为主题，吸引学生积极参与。在校园文化产品设计中，还可以结合现代科技手段，将传统文化元素与现代设计相结合，创造出具有独特价值和吸引力的文化产品。

图5-20　华师大校园ip形象创作——谢凌慧

三、注重实践体验

校园文创的创作思路还要注重实践体验。实践体验是校园文创活动的重要环节，可以让师生们更深入地了解校园文化，提高文化素养和创新能力。例如，在校园文化实践活动中，可以组织师生们参观校园文化遗产、参加传统文化体验活动等，让师生们亲身感受校园文化的内涵和价值。在校园文化推广活动中，可以利用社交媒体等渠道，让更多的人了解和关注校园文化，提高校园文化的影响力和知名度。

四、注重思路创新

校园文创的创作思路还要注重创新创意。创新创意是校园文创的灵魂，可以通过创新设计和表现方式，创造出具有独特价值和吸引力的文化产品和服务。例如，在校园文创设计中，可以采用多种创新手段和方法，如虚拟现实技术、人工智能技术、3D打印技术等，创造出具有独特科技感和艺术感的文化产品。在校园文化创意比赛中，可以鼓励师生们发挥创新能力和想象力，创作出具有独特价值和吸引力的文化作品。

因此，校园文创的创作思路需要突出校园特色，注重文化创新，注重实践体验，注重创新创意。需要利用现代设计理念和方法，结合传统文化和现代元素，创造出具有独特价值和时代意义的文化产品和服务，推动校园文化建设和发展。

第六章 文化视域下文创产品的设计赋能

设计赋能（Design Empowerment）是一个重要的概念，它指的是通过创新的设计方法、过程和策略，使产品、服务或系统具有更高的价值、功能和吸引力。在文创（文化创意）领域中，设计赋能的核心目标是发掘并强化文化元素，提升文化传承和体验，从而为文创产品赋予更高的市场竞争力和文化价值。

第一节 文创设计赋能乡村振兴

在新时代背景下，乡村振兴成为国家战略的重要组成部分。文化创意设计作为一种具有创新性和创造性的手段，可以为乡村振兴提供强有力的支持。本书将从以下几个方面阐述文创设计如何赋能乡村振兴。

一、发展乡村文化产业

文化创意产业。挖掘乡村文化资源，发展文化创意产业，如手工艺品制作、民间艺术表演、乡村旅游等。这些产业可以为乡村创造就业机会，提高村民收入。

改造现代农业产品。运用文创设计理念，改进农产品包装、品牌形象等，提升农产品的市场竞争力。同时，利用现代技术提高农业生产效率，实现绿色、可持续的现代农业发展。

融合乡村旅游业。通过整合乡村特色资源，开发有特色的乡村旅游产品，吸引游客前来，从而带动乡村经济发展。

二、提升乡村文化底蕴

传承乡村传统文化。通过挖掘、整理、传播乡村的传统文化，使之得以传承和发扬。例如，开展民间艺术、非物质文化遗产保护等工作。

培育乡村文化生活。通过举办文化活动、建设文化设施等，丰富村民的文化生活，提高村民的文化素质。例如，开展乡村书屋、文化广场等项目建设。

传播乡村故事。通过影视作品、文学创作、网络传播等方式，讲述乡村的发展历程和感人故事，提高乡村的知名度和影响力。

三、增强乡村凝聚力

打造乡村品牌形象。运用文创设计手段，创建独特的乡村品牌形象，提高乡村的知名度和吸引力。例如，设计具有特色的村标、村徽以及宣传物料等。

强化乡村文化认同。通过挖掘乡村特色文化、传承乡村传统文化等方式，增强村民的文化认同感，提升乡村凝聚力。

促进乡村社群互动。通过举办文化活动、建设公共空间等，促进村民之间的互动与交流，增强乡村社群的凝聚力。

四、优化乡村空间环境

乡村空间环境是乡村振兴的基础，优化乡村空间环境有助于改善乡村居民的生活品质，提升乡村的吸引力和竞争力。以下从几个方面详细展开如何运用文创设计优化乡村空间环境。

（一）挖掘乡村特色

乡村特色是乡村空间环境的核心。为了挖掘乡村特色，可以从以下几个方面入手。

地域文化特色。深入研究乡村的历史文化，挖掘乡村历史故事、民间传说、地方风俗等，以此为基础构建乡村的文化特色。

自然风光特色。充分挖掘乡村的自然资源，如山水、田园、森林等，将自然风光与乡村空间环境相融合，打造具有自然美的乡村环境。

民俗风情特色。挖掘乡村独特的民俗活动、传统手工艺、民间艺术等，为乡村空间环境增添民俗风情。

产业特色。发掘乡村独特的产业资源，如特色农产品、传统工艺等，将产业特色融入乡村空间环境，提升乡村的经济价值。

（二）空间规划设计

优化乡村空间规划设计是提升乡村空间环境品质的关键。以下几点可以做为优化乡村空间规划设计的原则。

尊重乡村历史文脉。在进行乡村空间规划设计时，要尊重乡村的历史文脉，保护和利用好历史遗存，使乡村空间环境具有历史底蕴。

人居环境优化。以人为本，关注乡村居民的生活需求，优化乡村住宅、道路、绿地等基础设施，创造宜居的人居环境。

产业发展布局。合理规划乡村产业发展空间，保证产业发展与居民生活、自然环境的和谐共生，促进产业发展与乡村空间环境的融合。

生态文明建设。强化生态保护意识，保护乡村生态系统，优化乡村水系、植被等生态环境，打造绿色、生态的乡村空间环境。

（三）美化乡村环境

美化乡村环境，可以提升乡村的整体形象和美学品质。以下几个方面可以做为美化乡村环境的途径。

艺术装置。在乡村空间中设置富有创意的艺术装置，既增加乡村空间的趣味性，又提升乡村的美学价值。

壁画艺术。运用壁画艺术，将乡村的文化特色、民俗风情等表现在建筑墙面上，为乡村空间环境增添艺术氛围。

景观设计。结合乡村的自然风光和地域特色，进行景观设计，打造富有特色的景观空间，如特色田园景观、水乡景观等。

绿化美化。加强乡村绿化，种植适宜的树木、花卉等，提升乡村空间的绿色品质，营造宜人的生态环境。

（四）乡村公共设施设计

优化乡村公共设施设计，有助于提高乡村居民的生活品质。以下几个方面可以做为优化乡村公共设施设计的途径。

公共服务设施。充实和完善乡村的公共服务设施，如图书馆、卫生院、文化活动中心等，提高居民的生活品质。

公共交通设施。优化乡村公共交通设施，如公交站点、自行车道等，便利乡村居民的出行，提升乡村空间的可达性。

休闲设施。设置适宜的休闲设施，如公园、广场、步行街等，丰富乡村居民的休闲活动，提升乡村空间的活力。

基础设施。完善乡村基础设施，如供水、供电、排水等，为乡村居民提供良好的基本生活条件。

（五）乡村旅游发展

通过优化乡村空间环境，促进乡村旅游产业的发展。以下几个方面可以做为发展乡村旅游的途径。

特色民宿。结合乡村特色，打造具有地域特色的民宿，为游客提供独特的住宿体验。

乡村旅游线路。规划具有吸引力的乡村旅游线路，如田园风光线、历史文化线、民俗体验线等，满足游客的多样化需求。

旅游活动策划。策划丰富多彩的旅游活动，如乡村体验、民俗活动、手工艺体验等，提升游客的参与度和乡村旅游的吸引力。

旅游产业链。发展与乡村旅游相关的产业链，如特色农产品、手工艺品等，拓宽乡村旅游的经济效益。

由此可以看出运用文创设计优化乡村空间环境的重要性。优化乡村空间环境不仅可以提升乡村居民的生活品质，还可以带动乡村经济发展，实现乡村振兴。

第二节　文创设计赋能创意人才培养及教育行业

文创设计，即文化创意设计，是一种以文化为核心，创意为驱动，设计为手段的产业形态。文创设计对创意人才培养及教育行业具有重要的赋能作用，可以提升教育质量、促进人才成长、拓展教育领域、增强教育创新力。本书将从以下几个方面阐述文创设计如何赋能创意人才培养及教育行业。

一、创意教育理念引领下的文创设计赋能

（一）培养创造力

文创设计强调创造力的培养，通过教育引导学生发掘自身潜能，激发学生的想象力、创造力和创新精神，从而提高学生的综合素质和创新能力。在培养学生创造力的过程中，教育工作者需要关注以下几个方面。

1. 激发兴趣

兴趣是最好的老师，激发学生对文创设计的兴趣至关重要。教育工作者可以通过组织各类创意活动、讲座、展览等方式，向学生展示文创设计的魅力，引导学生主动参与其中，培养学生的创意兴趣。

2. 培育思维

创造力的培养需要锻炼学生的思维能力。教育工作者应培养学生的观察能力、思考能力和表达能力，帮助学生形成独立思考的习惯，学会从不同角度审视问题，提出有创意的解决方案。

3. 提供资源

优质的教育资源是培养创造力的重要保障。教育工作者应为学生提供丰富的学习资源，如图书、课程、软件等，帮助学生拓宽知识面，提高创意素养。

4. 营造氛围

一个良好的创意氛围有助于激发学生的创造力。教育工作者应努力营造

一个鼓励创新、宽容失败的教育环境，让学生在轻松愉快的氛围中挖掘潜能，追求创新。

（二）跨学科融合

文创设计注重跨学科思维的培养，倡导多元化的知识体系，鼓励学生在不同学科之间进行交叉学习，提升学生的综合素质和跨界能力。为实现跨学科融合，教育工作者可以从以下几个方面入手。

1. 课程设置

教育工作者应关注多学科课程的设置，确保学生能够接触到艺术、设计、传媒、管理等多个领域的知识，为学生提供全面的学术支持。

2. 教学方法

跨学科融合需要创新教学方法。教育工作者可以采用项目制、案例分析、实践操作等多种教学方式，引导学生在实际操作中体验跨学科的魅力，提高学生的实践能力和解决问题的能力。

3. 师资队伍

建立多元化的师资队伍是实现跨学科融合的关键。教育工作者应引进具有跨学科背景的优秀教师，为学生提供多元化的教育资源，激发学生的创新精神。

4. 合作交流

教育工作者应加强与其他学科的合作与交流，例如邀请相关领域的专家进行学术讲座、组织跨学科的学术活动等，为学生提供更广阔的学术平台，拓宽学生的视野。

（三）实践导向

文创设计强调实践导向，注重将理论知识与实际操作相结合，提高学生的实践能力和创新能力。为体现实践导向，教育工作者可以采取以下措施。

1. 实践教学

引入实践教学是提高学生实践能力的重要手段。教育工作者可以设置实践课程、组织实践活动，让学生在真实环境中体验文创设计的全过程，提高学生的实践能力。

2. 项目合作

教育工作者应积极寻求与企业、社会组织的合作，为学生提供实际项目，让学生在实际项目中锻炼自己的能力，提高学生的综合素质。

3. 学术研究

鼓励学生参与学术研究，培养学生的研究能力和创新精神。教育工作者可以引导学生开展独立研究、参与课题组等形式的学术活动，提高学生的研究能力。

4. 实习实训

加强实习实训是提高学生实践能力的关键。教育工作者应为学生提供丰富的实习实训机会，例如与企业合作开展校企实训、组织实习基地等，让学生在实习实训中提升自己的能力。

（四）个性化教育

随着知识经济时代的到来，社会对人才的需求日益多元化，个性化教育逐渐成为教育改革的重要方向。个性化教育旨在发掘和培养每个学生的特长和兴趣，让学生在真实情境中体验学习，实现全面发展。文创设计作为一种富有创意的学科，具有很强的实践性和跨学科性，能够为个性化教育提供有力支撑。文创设计关注学生个性化发展，尊重学生的兴趣和特长，为学生提供个性化的教育方案，促进学生的全面发展。

二、文创课程的创新与师资队伍的建设

（一）课程设置

在课程设置中文创设计课程体系强调文化、创意和设计的融合，涵盖了艺术、设计、传媒、管理等多个领域，为学生提供丰富的课程选择。在课程教学上，文创设计课程注重创新教学方法，采用案例分析、小组讨论、项目实践等多元化教学手段，提高学生的学习兴趣和教学效果。文创设计课程改革传统的评价方式，采用过程评价、实践评价等多元化评价体系，全面评估学生的学习成果，激发学生的学习积极性。文创设计课程开发丰富的教学资源，如数字化教材、网络课程、虚拟实验室等，为学生提供丰富的学习资源，提高教育质量。

（二）师资队伍的建设

加强对教师的文创设计理念和技能培训，提高教师的教育教学能力，促进教师专业发展；引进文创设计领域的专家和企业家，拓宽教育资源，提高教育质量；建立教师激励制度，鼓励教师进行教育教学改革，提高教师的积极性和创新意识；加强师生之间的互动与合作，鼓励教师关注学生的需求，提高教育教学质量。

三、深化校企合作

（一）校企合作的背景与意义

社会经济发展对创意人才需求的推动。随着知识经济时代的到来，创意产业快速发展，对创意人才的需求日益增长。为了满足这一需求，教育行业需要与产业界进行深入合作，共同培养具有创新精神和实践能力的创意人才。

教育改革与产教融合的推动。面向21世纪的教育改革，注重产教融合，要求教育与产业的紧密结合。校企合作作为产教融合的重要方式，可以有效地促进文创设计教育与产业发展的互动，为创意人才培养提供有力支撑。

文创设计产业的发展与变革。随着科技进步与社会变革，文创设计产业不断发展壮大，涌现出众多新兴领域和专业方向。文创设计教育需要与产业发展紧密结合，通过校企合作培养能够适应产业发展需求的人才。

（二）校企合作的模式与路径

产学研结合模式。产学研结合模式是校企合作的重要途径，通过整合产业、学术和研究的资源，共同开展创新项目、研究课题等，培养具有实践能力和创新精神的创意人才。

实训基地建设模式。实训基地建设模式通过校企共建实训基地，为学生提供实践教学场所，让学生在实际工作环境中学习，培养实践能力和创新能力。

顶岗实习模式。顶岗实习模式是指学校与企业共同安排学生到企业进行实习，让学生在实际工作中学习，培养实践能力和创新能力。

双导师制模式。双导师制模式是指学校和企业共同指导学生的毕业设计、课程项目等，让学生在学术导师和企业导师的双重指导下，全面提高自身的理论素养和实践能力。

定向培养模式。定向培养模式是指企业和学校共同制定人才培养方案，针对企业需求进行定向培养，使学生的专业技能更加贴近企业需求。

（三）校企合作的挑战与前景

校企合作面临的挑战包括合作双方利益分配不均、企业对合作的热情不高、校企合作的长期性和可持续性等问题。要解决这些问题，需要建立长效的合作机制，明确双方的权利和义务，激发合作双方的积极性。

随着创意产业的发展和教育改革的深入，校企合作在文创设计人才培养和教育行业发展中的作用将越来越明显。未来，校企合作将更加深入，发展出更多富有创意的合作模式，为创意人才培养和产业发展提供更强大的动力。

校企合作在文创设计人才培养和教育行业发展中具有重要意义。通过深入探讨校企合作的背景、模式、实践案例以及挑战和前景，我们可以看到，校企合作为文创设计人才培养提供了有力支撑，为教育行业发展注入了新的活力。未来，在全球创意产业的大背景下，校企合作将继续深化，为创意人才培养和教育行业发展提供更多机遇。

第三节　文创设计赋能文旅融合

文旅融合是指将文化旅游与其他产业进行深度融合，以实现经济、文化、社会的多重价值。文旅融合的特点是强调创新、融合、互动、体验和可持续发展。文旅融合的目的是通过旅游文化的开发和创新，推动文化旅游产业的发展，提高旅游文化产业的附加值和竞争力。

随着文化产业的不断发展，文创设计和文旅融合成为当今社会中备受关注的话题。文创设计涉及产品设计、平面设计、动画设计、游戏设计等多个领域，而文旅融合是指将文化旅游与其他产业进行深度融合，以实现经济、文化、社会的多重价值。

一、文创设计和文旅融合的关系

文创设计和文旅融合是两个相互关联的概念，二者之间有着密切的联系和互动关系。文创设计作为文化产业的重要组成部分，可为文旅融合提供创意和设计支持，为文化旅游产业注入新的活力和创新动力。文旅融合则可以为文创设计提供更广阔的应用场景和市场空间，推动文创设计的发展和创新。

（一）文创设计与文旅融合的关系

1. 文创设计为文旅融合提供了创意和设计支持

文创设计是文化产业的重要组成部分，其创意和设计能力可为文旅融合提供重要的支持。文创设计可以为文化旅游产品提供创新的设计理念和艺术表现形式，使得文化旅游产品更具有吸引力和艺术价值。例如，在文化旅游景区中，可以通过文创设计的手段，将传统文化元素融入景区建筑、装饰、道具、纪念品等方面，使得景区更具有文化内涵和艺术价值。

2. 文旅融合为文创设计提供了应用场景和市场空间

文旅融合为文创设计提供了更广阔的应用场景和市场空间。文旅融合将文化旅游与其他产业进行深度融合，为文创设计提供了更多的应用场景和市场需求。例如，在文化旅游景区中，可以通过文创设计的手段，将文化元素融入景区的餐饮、住宿、娱乐等方面，为游客提供更好的文化旅游体验，并创造更多的商业机会和利润。

3. 文创设计和文旅融合都可以促进文化产业的发展和创新

文创设计和文旅融合都是促进文化产业发展的重要手段。文创设计通过文化创新和品牌创意，推动文化产业的发展，提高文化产业的附加值和竞争力。文旅融合通过文化旅游的开发和创新，推动文化旅游产业的发展，提高旅游文化产业的附加值和竞争力。

（二）文创设计与文旅融合的互动关系

1. 文创设计为文旅融合提供了创意和设计支持

文创设计为文旅融合提供了创意和设计支持，而文旅融合也可以为文创设计提供更广阔的应用场景和市场空间。文创设计和文旅融合之间的互动关系，可以促进两者之间的创新和发展，推动文化旅游产业的发展和创新。

2. 文创设计和文旅融合的共同目标是推动文化产业的发展和创新

文创设计和文旅融合的共同目标是推动文化产业的发展和创新，提高文化产业的附加值和竞争力。文创设计和文旅融合之间的互动关系，可以促进两者之间的合作和协调，实现互利共赢的局面。

二、文创设计与文旅融合的发展现状

中国的文旅融合发展正处于加速推进阶段。

首先，政策环境更加鼓励文旅融合。近年来，中国政府出台了《关于加快发展旅游业的意见》《文化和旅游融合发展工程规划（2016—2020年）》等政策文件，明确提出要推进文化旅游深度融合，加快打造一批文化与旅游融合发展的示范项目。政策红利释放，有利于更多的文化创意与旅游资源结合。

其次，文化与旅游产业内部需求日益旺盛。随着人们消费升级和文化需求多样化，单一的文化产品或旅游产品已不能完全满足人们的需求。文旅融合产品成为一种浪潮和热点。很多博物馆、景区纷纷推出兼具文化体验和旅行体验的创新产品。

再次，先进管理理念和商业模式的引入推动融合。像"体验经济""创意经济"等理念的流行，使得很多企业开发出富有文化内涵和体验的产品。一些新兴的商业模式，如网红文创、文创孵化等也在促进着文化创意产业与旅游业的碰撞与融合。

最后，数字化发展为融合创造条件。大数据、VR/AR等技术在文旅产业的应用，使得跨界和融合变得更加容易实现。这些技术可以帮助企业挖掘并整合文化与旅游资源，创造沉浸式的文旅体验，实现产业的重新定义。

总之，国内的政策、市场、企业与技术等方面都在加速推动文化旅游的融合，中国的文旅融合发展带来的产业协同和经济效益将日益凸显。未来，中国的文旅产业还将走向更加深入的融合之路。

三、文创设计赋能文旅发展的体现

（一）文旅产品创新

中国文旅融合发展的过程中，文旅产品不断创新，为游客提供了丰富多样的旅游体验。

特色文旅产品日益丰富：结合地域文化特色，开发出各具特色的文旅产品，如京剧旅游、非遗旅游、书院旅游等，满足了游客不同的文化需求。主题文旅产品不断涌现：根据市场需求，推出了一系列主题文旅产品，如影视旅游、动漫旅游、体育旅游等，丰富了文旅市场的产品类型，满足了游客多样化的需求。定制化文旅产品成为新趋势：为了满足游客个性化需求，越来越多的企业开始推出定制化文旅产品，如家族文化旅游、亲子文化旅游、养生文化旅游等，提高了文旅产品的附加值。

（二）文旅空间优化

在中国文旅融合发展过程中，文旅空间得到了优化，为游客提供了更好的旅游环境。城市文旅空间重新规划：许多城市在文旅发展过程中，对城市文旅空间进行了重新规划，整合了城市文化资源，优化了旅游景区布局，提高了城市文旅吸引力。乡村文旅空间挖掘与利用：通过挖掘乡村文化资源，开发乡村文旅产品，推动乡村旅游发展，改善了乡村旅游环境，提升了乡村旅游品质。旅游景区文旅空间升级：许多旅游景区在发展过程中，不断优化和升级文旅空间，提高景区内的文化体验度，满足游客对高品质旅游的需求。

（三）智能化与数字化发展

随着科技的发展，中国文旅融合产业也在积极拥抱智能化与数字化，提高行业运营效率和服务质量。数字文旅产品创新：通过利用数字技术，开发了一系列数字文旅产品，如虚拟现实旅游、数字文化遗产等，为游客提供了更加丰富的文旅体验。智能化文旅服务升级：利用物联网、大数据、人工智能等技术，实现了旅游景区的智能化管理和服务，提高了游客的旅游体验。数字化营销与运营：通过数字化手段，实现了文旅产业的精细化营销与运营，为企业提供了更好的市场拓展手段，提高了产业的竞争力。

中国文旅融合产业在政策支持、产业发展、产品创新、空间优化和智能化与数字化发展等方面取得了显著成果。然而，仍需关注产业发展中的问题，如文旅资源的保护与开发、文旅产品的质量与创新、行业人才的培养与引进等，进一步完善文旅融合产业发展，为人民群众提供更加丰富多样的文化旅游体验。

四、文创设计与文旅融合的未来与趋势

第一，体验化将成为主导趋势。随着消费者文化素养和体验需求的提高，简单的观景游已经不能满足人们的需求。未来的文旅产品将更注重沉浸式的文化体验，让游客有身临其境的感受。这需要文创设计的参与，通过互

动设计、情景还原等手法优化和丰富产品的体验内涵。

第二，创新性将成为突破口。市场竞争加剧，传统的文旅产品已难以吸引游客。未来，文旅企业需要大胆创新，与文创团队合作，开发出观念新颖、形式特异的文旅融合产品。这类富有创意的产品更能激发市场热情和游客兴趣。

第三，关联性产品将营造新亮点。未来的文旅产品将更注重与本地文化资源和文创产业的联系与融合。各种与当地文化相关的文创产品，如特色美食、民间工艺品、数字纪念品等，都可能成为文旅产品的一个组成部分，也将是游客消费的新亮点。

第四，数字化将成为新媒介。大数据、虚拟现实等数字技术将深度介入未来的文旅产品中。一方面，可以收集和挖掘更丰富的文化与旅游资源。另一方面，可以创建更加沉浸和交互的文旅体验，让游客在数字场景中探索和感知文化。这将是实现文创设计与文旅深度融合的技术基础。

第五，IP 价值将得到重塑。未来，一些富有地方文化特征和创意的文旅产品有可能通过提炼和再造形成地方文化的IP，并延伸至更丰富的衍生品。这类IP不仅可以吸引更广泛的游客，也是城市营造文化品牌的重要资源。

因此，未来的文创设计与文旅融合将呈现出体验化、创新化、关联化与数字化的发展特征。这将带来产业形态的重塑，也使游客有全新的文化体验。这是城市提升文化竞争力和产业发展的必由之路。

在知识经济时代，创意产业的发展日益显现出强大的潜力，文创设计作为其中的重要组成部分，对于培养创意人才具有重要意义。校企合作做为现代教育发展的重要途径，可以有效地实现教育与产业的紧密结合，为创意人才培养和教育行业发展提供有力支持。

第七章　数字化时代文创产品的传播与推广

随着数字化时代的到来，文创产品的传播和推广方式也发生了翻天覆地的变化。数字化时代为文创产品的传播和推广带来了更多的机遇和挑战，需要更加全面、系统和科学地进行规划和实施。

第一节　数字化时代的特点

数字化时代具有信息快速传递、互动性强、多样化、全球化等特点，这些特点给文创产品的传播和推广带来了新的机遇和挑战。

第一，信息高速传播。在数字化环境下，各种信息可以快速产生和传播，这使得文创产品和理念也可以迅速被人们所知晓，有利于产品推广，但信息过载也会导致部分信息被遗忘或忽略。

第二，虚拟现实兴起。数字技术如VR和AR使虚拟现实成为可能。这为文创产品的体验和传播提供了新的手段。

第三，边界消解。在数字环境下，各种产业边界变得模糊。这有利于文创产品进行跨界创新与合作。不同文化形式、产业要素的结合可以产生意想不到的火花，达到1+1>2的效果。

第二节　文创产品传播与推广的主要方式

数字化时代的文创产品传播和推广方式多样，主要包括以下几种。

第一，内容营销。要开发富有价值的原创内容，如企业自制的短视频、图片、文章等。这类内容要有清晰的品牌标识，讲解产品设计理念和文化内涵。内容要以轻松、有趣的形式呈现，易于在社交网络中传播。要选择一定频率和主题推出内容，形成系列化，持续吸引用户，也要在第三方平台发布内容，扩大曝光量。要不断产生富有价值和趣味性的内容，以内容吸引用户眼球。内容可以是企业原创的短视频、图片、博客等，也可以是与KOL、媒体的合作内容。精彩内容易于在网络上传播，对产品起到很好的推广作用。

第二，社群营销。要在各大社交平台构建自有社群，如微信群、微博群、小程序社区等。要选用清晰的社群名称、形象设计，吸引目标人群加入。要不断推送有价值的内容在社群进行分享和互动，使社群有活力。要针对社群成员的兴趣设计线上线下的互动活动，增强黏性。要从社群互动中收集用户意见，进一步优化产品。社群营销需要持续投入，形成长期互动，实现从认知到推荐的过程。

第三，KOL推荐。要选定一些在新媒体平台有较高影响力的KOL，如微博大V、知名主播等。要深入了解KOL所影响的目标人群与覆盖范围，选择与自身产品理念契合的KOL。与KOL签订推荐合作协议，提供样品等方便KOL体验并推荐产品。要设定一定的推荐频次和方式，并对推荐效果进行跟踪监测。KOL推荐实现了品牌与中介的深度融合，可以产生理想的推广效果，但对KOL的选择与管理也至关重要。

第四，短视频营销。要开发一些关于产品及文化内涵的短视频，导入各大短视频平台。短视频以轻松有趣的形式展现产品理念，很容易在社交网络中迅速获取高传播量，尤其对年轻人有很强的吸引力。

第五，VR体验。要开发沉浸式的虚拟现实体验，让用户在虚拟环境中感知产品与文化。这种新奇有趣的体验容易在网络上产生热议，用户也乐意在社交媒体上分享，实现很好的产品推广。

第六，网络直播。要开展与产品相关的互动直播节目，带领观众探索产品与文化内涵。直播以生动的互动形式吸引人气，可以树立产品与品牌形象，产生流量和口碑。网络直播是当下最流行的新推广方式之一。

第七，大数据精准营销。要深入利用大数据技术分析用户数据，精准识别目标用户，为他们推送定制化的产品信息。这种基于数据的精准营销可以产生理想的传播效果和精准推广。

第三节　数字化时代文创产品传播与推广的策略

数字化时代的文创产品传播与推广需要制定全面、系统和科学的策略，以下是几点重要的策略建议。

首先，构建内容与IP矩阵。要开发丰富的产品与品牌内容，传播理念与品牌故事，并运用新技术不断丰富内容形式。内容要聚焦产品与文化内涵，以轻松易懂的方式呈现。要在自有渠道与第三方平台同步发布内容，不断覆盖新的受众群体，也要通过内容打造属于企业自身的IP，提高品牌价值。内容构建要本着以人为本的原则，要从受众兴趣出发设计内容。内容不仅要呈现产品信息，更要讲好文化与品牌故事。要选择受众易于理解的方式，如漫画、动画等形式，而不只是文字与图片。内容也要具备观赏性，才能在社交网络中产生较高的传播效果和互动度。

其次，建立多元的传播渠道。要整合自有渠道与第三方平台，构建覆盖全面的传播渠道矩阵。除了网站、微信、小程序等自有渠道外，也要利用微博、抖音、B站等各大平台。不同渠道针对不同人群推出不同传播内容与形式。要实时监测不同渠道的传播效果，灵活调整传播策略。渠道选择需要基于受众的媒介使用习惯。如针对青年群体，选择抖音、B站等平台，针对中产阶层则选择微博、头条等。同时要考虑不同渠道的影响力及产品契合度，独家内容可以选择影响力较大的平台，软性内容则可多渠道推出。还要注意不同受众群体在不同渠道的活跃时间，选择最佳发布时段。

再次，开展社群互动与运营。要在各大社交网络构建运营自有社群，并寻找潜在受众群体的社群开展互动。社群互动要以产品与文化为主题，采取线上线下结合的方式，不断丰富参与形式，提高用户黏性。要从社群互动中获取用户反馈与建议，优化产品与服务。社群运营要围绕产品与文化主题，开展线上线下结合的活动，如主题派对、体验团等，让用户在社群中产生共鸣。定期还要推出一些互动游戏或小活动，维持社群活力。要选定社群的骨干成员，培养他们推广产品，成为KOC（Key Opinion Customer）。同时提供便利条件，让用户在社群中自发传播产品信息与体验。

然后，寻求KOL与明星推荐。要选择影响力与产品契合的KOL，与其签订推荐合作协议，通过其社交账号、直播间等媒介推荐产品。要持续提供推荐素材，并监测推荐效果，与KOL共同完善推荐策略。也要通过娱乐节目等渠道，引入明星推荐产品，扩大品牌影响力。当然，KOL选择需要慎重。除了需考虑其影响力和与产品的契合度外，更要重视其真实性。要避开那些过度商业化的KOL，选择一些真实表达个人兴趣与见解的KOL。要与KOL进行深入沟通，理解其价值观念，与之建立长期合作关系，共同完善传播策略与内容，这才能产生最佳效果。

最后，运用新技术实现精准传播。要利用大数据与人工智能技术分析用户行为与兴趣偏好，实现针对每一位用户的精准传播。要利用VR、AR等技术为产品开发沉浸式体验，这类新奇的体验容易在网络产生传播效果。要选择一定频次演绎直播与短视频等新兴传播形式，吸引年轻消费者眼球。这种运用新技术来落地传播策略，要基于数据分析结果为每位用户推出个性化内容。要结合用户在不同渠道的行为，如某用户在微博更关注意见领袖，在抖音更喜欢有趣内容，来制定针对每位用户的传播方案。要选择与品牌及产品契合的直播与短视频形式，开发沉浸式AR体验，吸引用户分享，这才能发挥新技术应有的效能。

第四节 数字化时代文创产品传播与推广的难点和解决方案

数字化时代的文创产品传播与推广也存在一些难点和问题，以下是一些问题及解决方案。

一、信息过载

数字化时代的信息传播速度快，信息量大，用户面临信息过载的问题。针对这个问题，可以通过建立品牌形象、提高内容质量、定制化服务等方式提高文创产品的吸引力和竞争力，吸引更多的用户关注和参与。

二、用户体验不佳

数字化时代的用户对产品的体验要求越来越高，文创产品需要提高用户体验，以增强用户黏性和忠诚度。可以通过提高产品质量、优化产品功能、加强用户交互等方式提高用户体验。

三、复杂的传播渠道

数字化时代的传播渠道比较复杂，需要针对不同的传播渠道进行不同的推广策略。可以通过数据分析、市场调研等方式了解不同传播渠道的特点和用户需求，制定相应的推广策略。

四、版权保护难度大

数字化时代的版权保护难度大，文创产品容易受到侵权和盗版的威胁。可以通过加强版权保护、建立品牌形象、提高产品质量等方式保护文创产品的知识产权和商业利益。

数字化时代为文创产品的传播和推广带来了更多的机遇和挑战，需要更加全面、系统和科学地进行规划和实施。只有制定合理的营销策略，选择合适的传播渠道，提高产品质量和用户体验，在保护知识产权等方面做好工作，才能更好地实现文创产品的传播和推广目标。

参考文献

[1]贡巧丽，郝丽琴.文化创意产品传播与推广的媒介呈现[M].成都：电子科技大学出版社，2019.

[2]周建波，陈嘉蓉，刘萍萍.现代艺术设计与传统文化元素应用研究[M].长春：吉林人民出版社，2019.

[3]邢洪涛.建筑的艺术表达[M].南京：东南大学出版社，2018.

[4]盛文林.建筑艺术欣赏[M].北京：北京工业大学出版社，2014.

[5]孔六庆.中国花鸟画史[M].南昌：江西美术出版社，2017.

[6]杨文涛.中国传统文化[M].北京：中国言实出版社，2020.

[7]李宝龙，杨淑琴.中国传统文化[M].北京：中国人民公安大学出版社，2006.

[8]刘金同，马良洪，高玉婷.中国传统文化[M].天津：天津大学出版社，2009.

[9]丁伟.文创设计新观[M].北京：北京理工大学出版社，2018.

[10]冉启江，韩家胜，康佳琼.中国传统文化[M].上海：上海交通大学出版社，2016.

[11]马怀立，姜良威，张毅.中国传统文化[M].天津：天津人民出版社，2018.

[12]郝凝辉.文创产品设计原则与方法[M].北京：中国商务出版社，2016.

[13]徐观复.中国艺术精神[M].广西：广西师范大学出版社，2007.

[14]李艳.用设计，做品牌[M].北京：化学工业出版社，2016.

[15]李默.品牌设计[M].重庆：西南师范大学出版社，2017.

[16][英]加文·安布罗斯，保罗·哈里斯.图形设计[M].北京：中国青年

出版社，2006.

[17]汉宝德. 文化与文创[M]. 台北：联经出版事业公司，2016.

[18]林家阳. 图形创意[M]. 哈尔滨：黑龙江美术出版社，1999.

[19]崔晨晨，李楠. 非物质文化遗产彝绣在文创产品设计中的应用[J]. 大众文艺，2019，10：96—97.

[20]张锐，樊明山. 基于非物质文化遗产的文创产品开发——以王昭君传说的衍生品设计为例[J]. 美术教育研究，2017，10：44—46.

[21]吴庆阳. 文化创意产业概念辨析[J]. 经济师，2016.

[22]刘亮. 谈传统艺术的气韵之美在当代设计中的理论意义[J]. 现代装饰，2013（6）254—255.

[23]赵彦芳. 审美的第二次现代性[J]. 厦门大学学报，2011（6）7.

[24]程梦圆. 浅析国潮现象下国产品牌的IP营销[J]. 价值工程，2020，39（02）：15—16.

[25]戴雨竹. 中国传统文化在现代产品设计中的应用探究——以台北故宫文创产品为例[J]. 大众文艺，2019（23）：85—86.

[26]王莉莉. 中国传统文化符号在当代文创产品设计中的应用研究——评《纹样：传统文化之国粹图典》[J]. 染整技术，2018，40（12）：128—129.

[27]李静. 中国色彩文化在文创产品设计中的传承与应用[J]. 美与时代（上），2020（01）：87—89.

[28]杨晓丽. 基于地域色彩因素的香云纱文创产品设计方法研究[J]. 流行色，2020（11）：65—66.

[29]李海平. 中国传统图形在艺术设计中的传承[D]. 河北师范大学，2012.

[30]车兰兰. 国家文化产业分类新增"文创"[N]. 北京商报，2012—1.